음식과 공간미학

머리말

최근 생활수준의 향상 및 경제발전으로 음식을 먹는 것은 단순히 생명 유지를 위함이 아니라 바쁜 현대 생활 속에서 작은 여유와 행복을 전달하는 하나의 수단이 되었습니다.

음식은 오감으로 섭취합니다. 미각 · 후각은 물론이고 '바삭바삭, 지글지글' 과 같은 소리로 듣는 청각, 젤리 등을 먹을 때 느끼는 촉각, 눈으로 보는 시각으로 아름다운 음식을 추구합니다. 테이블 위에서 사람들의 오감을 자극하고 행복감을 느낄 수 있도록 아름답고 쾌적한 공간을 연출하는 식공간 연출은 우리의 삶에 기쁨을 배가시켜 줄 수 있을 것으로 기대합니다.

본 교재는 1부와 2부로 구성되었습니다. 식공간 연출에 관심을 가진 사람들을 위해 기본적으로 알아야 할 지식을 1부에서 소개하였으며, 2부에서는 식공간 연출의 실제적인 내용들을 이해하기 쉽도록 정리해 놓았습니다. 먼저 1부는 식공간 연출의 개념 및 동 · 서양의 식공간 변천사, 공간연출에 필수요소인 색채와 식기, 음식 사진 촬영을 위한 카메라의 구도 및 앵글에 관하여 이해하기 쉽게 기술하였습니다. 2부는 푸드 스타일링 및 테이블 스타일링 연출, 식공간에서 지켜야 할 테이블 매너, 파티 기획에 대하여 서술하였습니다.

식공간 연출을 강의한 지난 수년간, 식공간 연출이 일상생활에서 도입되는 데는 다소 어렵고 멀게 느껴지는 부분이 있었기에 이론으로만 머물러 있다는 느낌을 받았습니다. 이러한 느낌을 벗어 던지고 싶은 바람에서 본 교재의 집필을 시작했지만 막상 출간을 마무리해야 하는 지금, 과연 이 교재가 식공간 연출을 공부하는 학생들에게 얼마나 도움이 될 수 있을지에 대한 걱정이 앞서는 것이 사실입니다. 조금 더 고민하고 조금 더 시간을 들인 후 세상에 내어 놓고 싶은 마음이 앞서지만 더 이상 욕심을 내지 않으려 합니다. 앞으로 여러 독자분의 비판과 조언을 겸허히 받아들여 더욱 좋은 교재를 만들기 위한 노력을 계속해 나갈 것을 약속드립니다.

마지막으로 이 한 권의 책을 만들기 위해 정성을 다해 주신 김재원 실장님을 비롯한 파워북의 직원 여러분께도 진심으로 감사드립니다.

저자 일동

차 례

Part 1 \ 음식과 공간연출

Chapter 4 | 식공간연출과 식기

Chapter 5 | 음식사진 촬영의 이해

Part 2 \ 음식과 공간연출의 실제

Chapter 6 | 푸드 스타일링(food styling)

Chapter 7 | 테이블 스타일링(table styling)

Chapter 8 | 식공간에서의 테이블 매너

Chapter 9 | 파티 기획과 식공간연출

음식과 공간연출

CHAPTER 01

식공간연출

1. 식공간연출이란

식공간연출 table coordinate은 여러 가지를 조합하는 것으로 테이블 위에 색을 사용하여 세팅하는 것을 의미한다. 식공간연출에는 가정의 아침, 점심, 저녁 식사 테이블을 시작으로 손님 접대와 파티 테이블까지 포함된다. 사람들의 오감을 자극하여 행복감을 느낄 수 있도록 식공간 전부를 정돈함으로써 아름답고 쾌적한 공간을 연출하는 것이다. 따라서 음식은 물론 식탁 위의 물건, 실내의 인테리어, 창밖의 경치, 음향, 빛과 바람, 조명, 온도 등 관련된 주변 환경 전부를 고려하여 식공간 전체의 조화를 이루어야 한다.

식공간연출과 비슷한 의미로는 테이블 데커레이션 table decoration, 테이블 세팅 table setting 등이 있다. 테이블 데커레이션은 쇼룸의 디스플레이와 같이 장식하는 것을 의미하고 테이블 세팅은 단순히 테이블 구성요소를 테이블 위에 세팅하는 것을 의미한다. 즉 식공간연출은 테이블 데커레이션과 테이블 세팅을 모두 포괄하는 넓은 의미라고 할 수 있다.

식공간연출의 중요한 목적은 음식을 더 맛있게 먹기 위해 공간을 연출하고 정돈하는 것이다.

음식을 먹는 행위는 인간과 동물 모두 생명을 유지하기 위하여 음식을 섭취하지만 인간은 거기에 더하여 '맛있다' 라는 정신적 만족을 추구한다.

오감과 따뜻함, 차가움, 아픔, 압각 등의 국소적인 감각이 융합되면 뇌의 전두엽에 축적되어 있는 과거의 기억을 끌어내는데, 이때 플러스의 기억을 끌어내면 '기쁘다, 즐겁다, 좋다, 맛있다' 라는 감정이, 마이너스의 기억을 끌어내면 '싫다, 맛없다' 라는 감정이 생긴다. '맛있다' 라고 느끼는 것은 생리적인 문제가 아니라 정신적인 문제로 먹는 사람의 마음에 달려 있다고 할 수 있다. 맛있음을 느끼게 하는 플러스 기억을 끌어내는 데 가장 많은 비중을 차지하는 감각은 시각이 80% 이상이고, 미각은 단지 1~5%를 차지한다. 미각은 오미를 감지하는 것으로 맛의 밸런스가 좋고 나쁨을 판단하는 것은 가능하나 맛있음을 느끼는 것은 시각을 시작으로 기타 감각이 작용한다는 것을 알 수 있다. 즉 맛은 좋아도 환경이 나쁘면 맛있다고 말할 수 없다. 음식을 맛있게 먹기 위해서는 청결하고 아름답고 적절한 공간이 필요하며, 이러한 공간을 연출하는 것이 식공간연출의 주된 목적이다.

2. 식공간연출의 구성요소

식공간연출에서 가장 기본적으로 생각해야 할 사항이 사람이다. 아무리 멋진 공간연출이라도 미적 표현만을 목적으로 하는 공간연출은 사람들에게 공감과 감동을 줄 수 없다. 그러므로 식공간을 연출할 때에는 사람을 중심으로 TPO(T: time 시간, P: place 공간, O: object 목적)에 5가지 W(who, with, why, when, where)와 1가지의 H(how)를 고려해야 한다.

● who: (누가 먹을 것인가)

먹는 사람의 연령과 성별에 따라서 음식의 기호와 선호하는 분위기가 다르다. 젊은 사람들은 자유롭고 캐주얼한 분위기를 선호하지만 나이가 많은 사람들은 차분하고 안정적인 분위기를 선호하는 경향이 있다.

● **with: (누구와 먹을 것인가)**

누구와 함께 식사를 하는가는 식사공간과 밀접한 관계가 있는 요소로, 인간관계에 따라서 앉는 위치가 결정된다. 일반적으로 입구에서 먼 중앙이 상석이 되는 것이 변하지 않는 법칙이지만, 바다나 정원 등 경관이 아름다운 경우에는 이러한 형식에 얽매이지 않고 아름다운 경치가 잘 보이는 좌석이 상석이 된다.

● **why: (무엇을 위하여)**

식사를 하는 목적에 따라 분위기와 스타일이 달라진다. 생일이나 기념일에는 축하하는 목적이 달성되도록 공간연출을 하는 것이 무엇보다 중요하다. 특히 스토리 테이블을 연출하면 단지 식사만 하는 것이 아니라 식사 중 대화를 유도하고 즐거움을 공유할 수 있다.

● **when: (언제 먹을 것인가)**

식사를 하는 시간대와 계절을 고려하여 공간연출을 해야 한다. 디너인 경우에는 일반적으로 격식을 갖춘 만찬을 기본으로 하고 아침에 식사를 하는 경우에는 간단한 음식과 식기를 사용하며 간결한 형태의 센터피스 centerpiece로 연출한다.

● **where: (어디서)**

실내(안방, 거실, 식당 등)나 실외(정원, 해변 등) 등 식사하는 장소에 따라 공간연출 분위기, 장식, 테이블 형태와 크기, 식기의 선택이 달라진다. 특히 야외에서 식사를 하는 경우에는 식기와 테이블뿐만 아니라 날씨를 고려해야 한다.

● **how: (어떻게)**

어떻게 음식을 먹느냐에 따라 식사도구와 서비스 방법이 달라진다. 만찬인지 뷔페인지에 따라서 사용되는 식기와 커틀러리의 세팅법이 달라지고 공간연출의 방법도 달라진다. 또한 한식, 중식, 일식 등 메뉴에 따라서도 공간연출의 분위기와 테이블 아이템이 달라진다.

구체적으로 식공간연출을 할 때에는 테이블 구성과 어떤 종류의 구성요소가 사용되는지 알아야 목적에 맞는 테이블을 연출할 수 있다. 테이블 위의 공간은 개인 식공간과 공유 식공간으로 나누어지며 식사할 때 적절하고 쾌적한 공간의 확보는 식공간연출의 기본이라고 할 수 있다.

● **개인 식공간(personal space)**

개인도구 personal item를 놓는 공간으로 개인 식공간의 기본 크기는 가로×세로(45×35cm)로 식사 시 무리 없이 손을 뻗을 수 있는 범위이다. 이 공간 안에 필요한 도구를 배치하며 사람과 사람 사이는 약 15cm 정도면 부딪치지 않고 식사를 할 수 있다. 그러나 격식을 갖춘 정찬에서는 이보다 넓게 세팅하기도 한다.

● **공유 식공간(public space)**

공용 도구 service item를 놓는 공간으로 공유 식공간의 폭은 적어도 직경 30cm의 큰 접시를 놓을 수 있는 사이즈가 이상적이다.

● **테이블 크기**

개인 식공간과 공유 식공간의 크기를 알면 인원에 따른 테이블의 크기를 결정할 수 있다. 인원에 따른 테이블 크기를 계산하는 공식은 다음과 같다.

가로 = (15+45)cm × 사람 수 + 15cm

세로 = 35cm + 35cm + 30cm 이상으로 80~100cm 정도는 필요하다.

● **테이블 높이와 의자**

식사하기 편안한 테이블 높이는 의자의 높이와 관계가 있으며 일반적으로 테이블 높이는 70~83cm, 의자 높이는 45cm, 좌식 테이블의 경우 높이 33cm가 표준이다.

● 테이블 위의 구성요소

테이블 위에 세팅되는 구성요소는 크게 나누어 테이블웨어 tableware, 커틀러리 cutlery, 글래스웨어 glassware, 테이블 린넨 table linen, 피규어 figure가 있다. 테이블웨어, 커틀러리, 글래스웨어는 개인 도구 personal item와 공용 도구 service item로 분류된다. 개인 도구에는 개인 접시, 와인 글래스, 개인용 커틀러리 등이 포함되며 공용 도구에는 커피포트, 서빙포크, 서빙스푼, 디캔터 decanter 등이 있다.

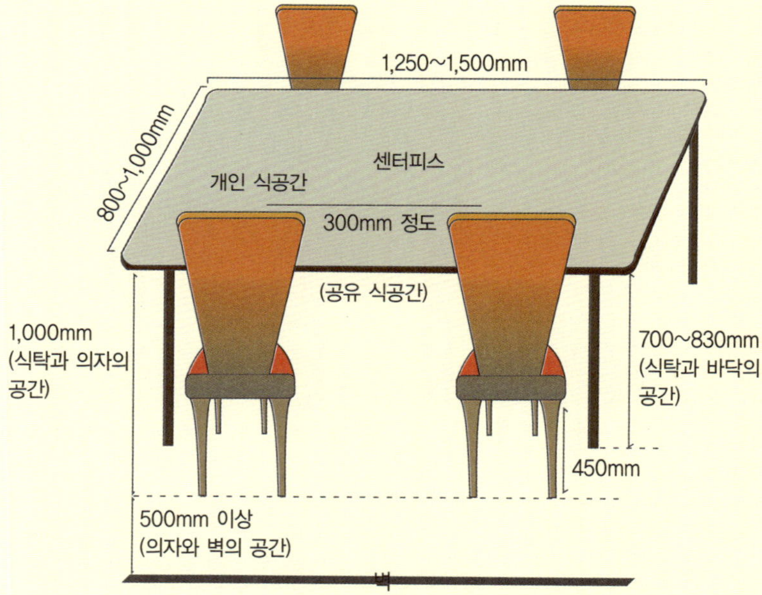

테이블의 구성

3. 푸드코디네이터란

푸드코디네이터의 사전적 의미를 종합해 보면 식(食)과 관련된 여러 가지 것들을 사회 · 문화 · 경제적으로 인지 · 이해 · 파악하고 통합 · 조정 · 조합함으로써 소비자에게 제공하는 사람으로, 음식과 관련된 전반적인 일을 담당하는 사람을 뜻한다.

푸드코디네이터는 일본에서 주로 통용되는 용어로 어메니티 amenity(쾌적함)와 호스피탈리티 hospitality(환대)를 기본 목적으로 일하는 사람을 말한다. 어메니티 amenity는 장소 등이 쾌적하다, 생활을 즐겁게 해준다는 용어로 요리뿐만 아니라 적절한 식공간을 연출하여 기분전환을 시키고 사람들에게 행복감을 전달하는 것이고, 호스피탈리티 hospitality는 친절함과 사랑을 다른 사람에게 전달한다는 용어로 어메니티와 함께 푸드코디네이터가 꼭 가져야 하는 마음가짐이다.

푸드코디네이터는 요리연구가, 푸드스타일리스트, 레스토랑 프로듀서, 소믈리에, 파티 플래너, 메뉴개발자, 푸드라이터, 플로리스트 등 식공간과 관련하여 활동하고 있는 사람들을 통칭하는 용어이다. 동일한 의미로 우리나라에서 통용되고 있는 푸드스타일리스트 food stylist는 푸드코디네이터의 한 영역으로 음식이나 식품의 특성과 색상, 시즐 sizzle 등을 최대로 살려서 시각뿐만 아니라 후각, 청각 등 오감을 만족시키고 표현하여 최고의 비주얼을 만들어내는 작업을 하는 사람을 말한다. 그 작업 영역이 점점 넓어져 현재는 푸드코디네이터의 역할과 큰 차이가 없어 같은 의미로 통용되고 있지만 엄밀하게 말하면 다른 의미이다.

푸드코디네이터는 매일 새로운 사람을 만나고 새로운 물건을 접하는 것에서 기쁨을 찾고, 사람과 사람을 연결하는 일을 하기 때문에 사람과 사람을 연계할 수 있는 능력을 길러야 하며 자신의 일에 프로 정신을 갖는 자세가 중요하다. 따라서 친근감 교환 및 정보 수집을 통해 상대를 파악하고 상대의 의도를 앞서갈 수 있는 능력을 키워야 한다. 단지 미적 공간만 추구하는 것이 아니고 커뮤니케이션이 될 수 있는 식공간연출을 위해서 광범위한 지식과 이에 맞는 꾸준한 학습이 필요하다.

푸드코디네이터는 다음과 같은 영역으로 분류할 수 있다.

- 메뉴 플래너 menu planner : 새로운 메뉴와 조리법을 개발하는 사람을 말한다.
- 푸드스타일리스트 food stylist : 여러 소품을 이용하여 음식이 카메라 앞에서 아름답고 맛있게 보일 수 있도록 연출하는 사람을 말한다.
- 플로리스트 florist : 꽃을 이용하여 디자인하는 전문가를 말한다.
- 파티 플래너 party planner : 파티의 기획에서 진행까지 연출을 담당하는 사람이다.
- 레스토랑 프로듀서 restaurant producer : 오픈할 레스토랑의 콘셉트를 설정하여 메뉴 플래닝 menu planning, 접객 서비스 방식, 레스토랑에서 사용하는 테이블웨어 tableware, 커틀러리 cutlery, 글래스웨어 glassware, 종업원 유니폼과 메뉴 디자인 등을 도와주는 역할을 한다.
- 티 인스트럭터 tea instructor : 차 전문가를 말하며 차의 종류와 기원, 다도 등에 관한 전반적인 지식과 차에 어울리는 메뉴 등을 소개하는 전문가이다.
- 푸드라이터 food writer : 요리에 관한 기사, 식문화를 기술하는 사람이다.

CHAPTER 02

동서양의 식공간 변천사

1. 동양의 식공간 변천사

동양의 음식문화는 한국, 일본, 중국을 중심으로 형성되었다고 할 수 있다. 이 지역은 쌀을 주식으로 하며 채소, 해산물, 발효식품 등을 많이 사용한다는 공통점을 가지고 있지만 각기 다른 지리적 · 사회적 · 문화적 · 종교적 특성의 영향으로 각 나라마다 독특한 음식문화를 형성하였다.

따라서 나라별 음식문화의 특징과 역사가 공간연출에 막대한 영향을 준다고 하겠다.

1) 한국

한국은 온대기후에 사계절이 뚜렷한 나라로 식재료가 다양하며 삼면이 바다로 둘러싸여 있어 해산물 또한 풍부하다. 계절에 따라 생산되는 생선, 곡류, 두류, 채소 등을 사용하여 다양한 부식을 만들었고 남은 식품재료는 장류, 김치, 젓갈 같은 저장성 높은 발효음식을 만들어 먹었다. 한국의 음식을 특성에 따라 분류해 보면 궁중 음식, 반가 음식, 사계절에 따른 시식, 명절에 먹는 절식, 통과의례(백일, 돌, 관례, 혼례, 회갑, 회혼례, 상례, 제례 등) 음식, 지역의 특산물을 활용한 향토음식, 사찰음식, 발효음식으로 나눌 수 있다. 이러한 각각의 음식이 계절과 장소에 따라 특별한 음식으로 구성되어, 각기 다른 독특하고 아름다운 고유의 상차림을 형성하였다.

(1) 선사 시대(BC 6000~BC 1000)

우리나라의 신석기 시대는 기원전 6000년경부터 시작되었고 이때 원시적인 농경이 시작되었다. 청동기 · 철기시대를 거치면서 잡곡을 생산하였고 식기는 기원전 6000년경부터 빗살무늬토기를 사용하였다. 토기가 없던 시대에는 구워 먹는 조리법은 가능하였으나 찌거나 삶는 조리법은 불가능하였다. 즉 토기의 출현으로 조리의 진화가 이루어졌다고 할 수 있다.

아침, 점심, 저녁 세끼 구분이 없었으며 주식과 부식의 구별이 없던 시대였다.

삼국시대의 조리기구
출처: 국립중앙박물관 전시마당

(2) 부족국가 시대(BC 1000~BC 200)

부족국가 시대는 신석기시대 말기부터 청동기시대로, 청동기 문화의 발전과 함께 민무늬토기가 출현하였다.

이 시대에는 화북지방으로부터 농경문화가 들어와 벼농사가 권장되어 식생활에 많은 변화가 있었으며 당시 생산되던 조, 기장, 수수, 보리, 쌀, 콩과 팥 등의 곡물을 죽, 떡, 찐 밥의 형태로 조리하였다.

청동기시대의 민무늬토기
출처: 국립중앙박물관 유물이야기

(3) 삼국시대(BC 1세기~7세기 중엽)

삼국시대 이후부터 농경이 확립되면서 식생활에 큰 변화가 나타나게 되었다. 쌀농사 중심의 농업경제로 접어들어 전 시대보다 식량을 안정적으로 확보하게 되면서 식생활이 안정되었고 주식과 부식이 분리되었다.

삼국시대의 조리기구

출처: 국립중앙박물관

이에 따라 전통 식사의 기본구조가 정착되었고 부엌이 완전하게 만들어져 조리법이 발달하게 되었다. 부족국가 시대와 같이 곡물을 쪄서 만든 밥이 아니라 무쇠로 만든 솥에 끓여서 뜸을 들인 밥을 짓게 되었다. 또한 삼국시대에는 농산물 가공법이 발달하여 발효를 이용한 술, 장, 김치, 젓갈 등을 만들어 먹었다.

(4) 통일신라시대(7세기 말엽~10세기 초)

통일신라시대는 대립관계를 유지하던 삼국이 통일되어 융합과 안정을 이룬 시기로 식생활에서도 체계적인 정착을 이루게 되었다. 귀족과 서민이라는 계층 차이에 따른 식생활이 정착되었으며 지방 세력이 등장함에 따라 식생활의 교류가 활발해졌다.

이 시대에는 농경의 발달로 쌀의 수확량이 크게 증가하였고, 불교와 함께 차를 마시는 풍습이 퍼졌다.

(5) 고려시대(10세기 중엽~14세기)

고려시대에는 중국으로부터 전래된 불교의 영향으로 육식보다는 채소와 나물 등의 채식위주 식사와 차 문화가 확립되었고 사찰음식이 발달하였다. 즉, 살생을 금지하는 불교의 영향으로 곡류와 채식 요리가 발달된 시기이다.

권농정책에 따라 곡물을 비축하여 쌀밥의 보급과 함께 떡과 한과류가 발달하였고, 중국 원나라와의 교류를 통하여 사탕, 소금, 후추, 포도주가 전래되었다. 고려시대의 대표적인 식기로는 상류층에서 사용한 청자가 있다.

(6) 조선시대(15세기~19세기 중엽)

새로 나라를 건국한 조선 왕조는 유교를 새로운 정치 이념으로 삼았으며, 이에 따라 불교가 쇠퇴하게 되었다. 숭유억불정책으로 차와 유밀과는 사라지고 술 대신 화채, 수정과, 식혜, 오미자차 등의 음청류가 성행하였으며, 유교의 영향으로 정성을 들여 만든 발효차가 아닌 잎차를 우려낸 녹차의 형태로 차를 마시게 되었다.

조선시대에 이르러 현재와 같은 한국의 전통적인 상차림 형식이 갖추어져 3첩, 5첩, 7첩, 9첩, 12첩 상차림법이 확립되었으며 엄격한 식사예법 또한 이 시기에 완성되었다.

조선시대 대표적인 식기로는 초기의 분청사기와 후기의 순백자 그릇이 있다. 한 상에 올라가는 그릇의 재질은 모두 같으며 여름철에는 백자와 청백자 반상기, 겨울철에는 유기나 은기 반상기를 주로 사용하였다. 백자는 조선시대 초기에는 왕실에서만 사용하였지만, 후기에 들어서면서부터 일부 양반이 사용할 수 있었다.

조선 중기 이후 남방으로부터 고추, 감자, 고구마, 호박, 옥수수, 땅콩 등이 전래되어 식생활에 변화를 가져왔다. 특히 고추의 전래는 음식의 맛을 바꾸어 놓았다. 고추장이 개발되었고 김치에 고춧가루를 사용하게 되었다. 이 시대에는 식품의 종류가 다양해지고 식생활이 다양해지면서 반가에서 음식을 만드는 조리서와 술을 만드는 법을 적은 서적들이 나오게 되었다.

한국은 이러한 시대별 변천사를 거치면서 독특한 상차림 문화를 형성하여 왔다. 한국 상차림의 특징은 한 상에 음식을 모두 차려놓고 먹는 공간전개형으로 주가 되는 것은 밥이고 부는 반찬이다. 밥그릇은 언제나 상의 앞줄 중간에서 왼쪽에 놓고 국그릇은 오른쪽에 놓으며 수저는 오른쪽에, 젓가락은 숟가락 뒤쪽에 붙여 놓는다. 한국의 수저란 숟가락을 달리 이르는 말이기도 하고 숟가락과 젓가락을 아울러 뜻하기도 한다. 한국, 일본, 중국 모두 초기에는 숟가락과 젓가락을 함께 사용하였으나 현재 일본과 중국은 숟가락을 사용하지 않고 우리나라만 계속 숟가락을 사용하고 있다. 이는 공자 시대에 숟가락을 사용했다는 이유로 조선시대 숭유주의자들이 끝까지 숟가락을 고집했기 때문이다.

한국의 전통적인 상차림에는 3첩에서 12첩에 이르는 상차림이 있는데 첩이란 뚜껑이 있는 반찬 그릇을 말하며 밥, 국, 김치, 찌개, 장 등을 제외한 반찬 그릇의 수에 따라 첩수를 센다. 반상은 식사하는 사람의 수에 따라 외상과 겸상으로 나누는데, 계층에 관계없이 누구에게나 외상 차림이 원칙이었다.

3첩 반상차림

5첩 반상차림

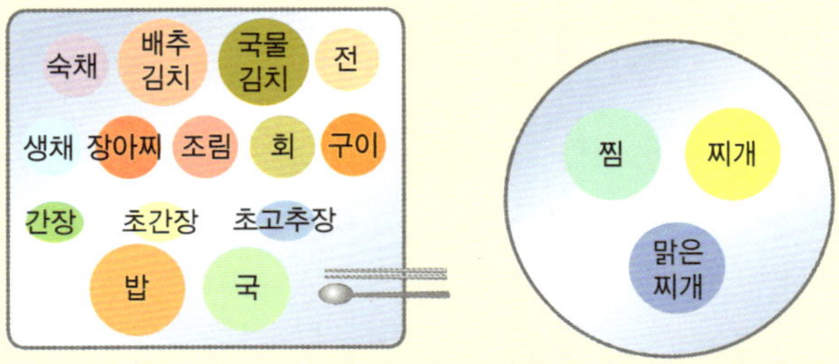

7첩 반상차림

한국의 상차림과 세팅법(3첩, 5첩, 7첩)

2) 중국

세계 3대 요리(프랑스, 터키, 중국)의 하나인 중국요리는 긴 역사와 전통을 지니고 있다. 중국은 국토가 광대하여 자원이 풍부할 뿐만 아니라 지역마다 기후와 풍토가 다르므로 생산되는 식품이 다양하여 재료의 선택이 매우 자유롭고 광범위하다.

중국 음식문화의 대표적인 특징은 기름에 볶는 음식이 많고, 다양하며 풍부한 조미료와 향신료를 사용한다는 것이다. 이러한 조리법은 재료의 여러 맛을 배합하여 칼로리와 영양을 높이고 음식의 변질을 막아준다. 차를 마시는 차 문화의 발달 또한 중국 음식문화의 대표적인 특징이라고 할 수 있다.

오랜 역사와 광활한 국토로 지역마다 독특한 식재료와 조리법을 자랑하는 중국 요리는 오늘날 세계적인 요리로 발전하였다.

(1) 은(BC 1600~BC 1046) · 주 시대(BC 1046~BC 771)

은나라 시대는 음식문화의 기본 형성기이다. 도기나 청동으로 만든 솥과 그릇에 밥, 국, 굽거나 삶은 고기, 육회, 무침 등의 조리가 행해졌다.

주나라 시대에는 철의 발견과 사용으로 조리기술이 한층 더 발달하게 되었다.

(2) 진(BC 221~206) · 한 시대(BC 202~AD 220)

진나라 시대는 고대 음식문화의 완성기이다. 사치스러운 요리와 국을 중심으로 고기나 채소에 된장을 넣어 달게 조린 음식 등 다양한 음식이 만들어졌다.

한나라 시대는 중국의 음식문화에서 중요한 시기이다. 술, 식초, 장, 누룩의 제법이 발달하였으며 곡류를 가루로 내어 만든 조리법이 생겨나 떡, 만두 등이 만들어졌다. 또한 영양학 · 약리학을 기초로 색, 맛, 향을 구비한 음식이 일상생활에 밀착되어 의식동원으로 발전하였다. 식기는 금, 은, 칠기를 만들어 사용하기 시작하였다.

(3) 삼국 시대(220~265) · 위진남북조 시대(439~589)

철 솥의 사용이 일반화되고, 밀가루로 만든 찐 떡의 일종인 '호병'이 만들어졌으며 발효기술도 발전되었다. 또한 후추와 설탕이 유입되고 식문화의 고전인 『제민요술』이 간행되었다.

(4) 당 시대(618~907)

음식문화의 황금기로 페르시아 등의 서아시아로부터 과일과 채소 등 각종 식재료가 유입되었고, 설탕과 차가 보급되었으며, 밀가루를 이용한 조리법이 다양하게 개발되었다.

식사는 1일 2식이었으며 조리는 원칙적으로 남자의 일이었다. 당나라 시대에는 북방 민족으로부터 의자에 앉아 식사하는 방식을 배우게 되었고 이때부터 젓가락과 숟가락이 하나의 세트가 되어 식사에 사용되었다.

(5) 송(960~1279) · 원 시대(1206~1368)

송 · 원 시대에는 중국 남북의 식재료와 조리법이 혼합된 시기로 식재료의 다양화가 이루어졌고 강한 화력을 공급하는 석탄의 보급으로 조리기술이 더욱 발달하게 되었다. 데친 채소를 소금으로 간하여 깔끔한 맛을 내는 음식과 고기를 넣어 끓인 장국이 유행하였다.

송나라 시대의 식생활은 당나라 시대와 변함이 없었으며 젓가락을 세로로 놓는 풍습은 송대 이후에 나타났다. 의자와 식탁 생활이 보급됨에 따라 밥과 국은 개인전용 공기에 담지만, 부식은 큰 공용 식기에 담아 젓가락으로 직접 덜어 먹는 상차림으로 변화된 것으로 보인다.

원나라 시대에는 중국 요리가 서방세계로 전달되기 시작한 시기이다. 몽골 사람들은 유목민이었으므로 직화로 구운 고기요리와 유제품을 많이 먹었다. 또한 볶기, 끓이기, 찌기, 굽기, 튀기기의 조리법 중 2가지 이상을 혼합한 복합 조리법도 생겨났다.

송나라 시대의 식생활 출처: 공자의 식탁

(6) 명(1368~1644) · 청 시대(1636~1912)

명나라 시대는 농업기술이 발달하기 시작한 시기이다. 또한 미 대륙으로부터 땅콩, 감자, 옥수수, 고구마가 수입되었고 사천요리에 없어서는 안 될 고추가 수입되었다. 명나라 시대 말기에는 피단, 전복, 북경오리, 상어지느러미 등의 새로운 식재료가 등장하였고 식재료 자체의 맛보다는 조리에 의해 창조된 맛을 중시하여 조리기술이 더욱 발달하게 되었다. 이 때문에 간장이 대량생산되었으며 양념 · 조미료가 더욱 발전하게 되었다.

식사는 1일 3식이 원칙으로 이때부터 밥과 부식물은 젓가락으로 먹었고, 숟가락은 국(수프)전용 도구로 받아들여졌다. 이 시대의 젓가락 모양은 음식을 집는 끝부분이 둥근 형태로 되어 있는데 이는 오늘날 중국인들이 보편적으로 사용하는 젓가락 모양과 유사하다.

청나라 시대는 근대 중국요리기술이 집대성된 시기로 궁중요리가 시작되었다. 서태후에 의해 세련되고 탁월한 조리법과 조미법이 개발되었고, 호화스럽고 광범위한 '청요리'가 완성되었다. 중국요리의 진수라고 부르는 화려한 식단인 '만한전석'도 이때 만들어졌다. 만한전석은 만주족과 한족의 화합을 위해 전국의 귀한 재료 및 음식을 집대성하여 궁중에 도입한 음식으로, 상어지느러미, 곰발바닥, 낙타, 원숭이 골 등 중국 각지의 희귀한 재료를 이용한 100여 종 이상의 요리가 이에 포함된다.

이러한 시대별 변천사를 거치면서 중국은 독특한 상차림 문화를 형성하여 왔다. 중국의 상차림은 8인용 식탁이 기본으로, 식탁의 중심에 회전대 lazy susan를 놓아서 여러 사람이 회전대를 돌려가며 음식을 먹을 수 있도록 되어 있다. 개인 접시는 보통은 도자기 접시를 사용하며 젓가락은 약 25cm 정도로 길이가 길며 음식을 집는 부분은 뭉툭하다. 이는 중국 음식이 기름기가 많아 집기 어렵기 때문에 두꺼운 형태로 발전한 것이다. 젓가락 받침대는 연회상에 반드시 놓여야 하고 음식은 여덟 가지, 열 가지 등 짝수로 가짓수를 맞추어 준비하여 식사할 때에는 큰 접시에 담긴 요리를 개인 접시에 옮겨서 먹는다.

중국의 상차림에는 냅킨, 조미료 병(간장, 식초, 라유), 조미료 접시, 찻잔,

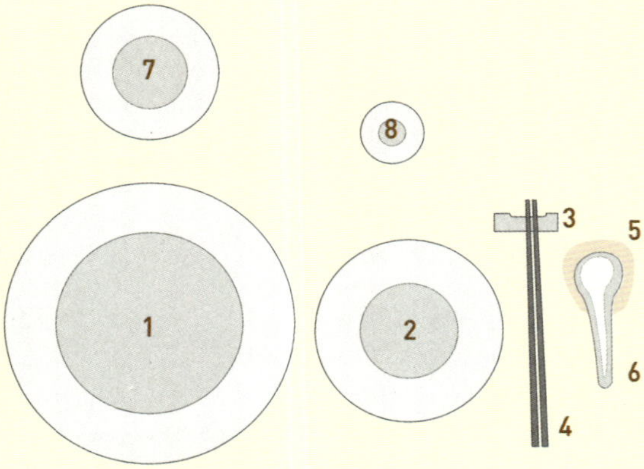

중국의 상차림과 세팅법

1개인 접시 2작은 접시 3과이쯔자(젓가락 받침) 4콰이쯔(젓가락) 5렝게 받침 6렝게 7수프 그릇 8술잔

술잔, 개인 접시, 렝게(수프용 스푼), 렝게 받침, 콰이쯔(젓가락), 젓가락 받침(콰이쯔자) 등이 세팅된다.

3) 일본

남북으로 길게 위치한 일본은 기후의 지역차가 현저하여 계절마다 수확되는 작물이 다양하고, 그 작물에 따른 조리법이 다양하게 발달한 나라이다. 눈으로 보면서 즐기는 요리라고 일컬어지는 일본요리는 깨끗하고 담백한 맛과 1인분씩 담는 식문화로 발달되어 왔다. 음식과 그릇을 조화시킴으로써 음식의 맛과 아름다움을 살리고 계절감을 고려하여 식재료를 선정하며 요리를 그릇에 예쁘고 아름답게 담는다. 일본인들은 산수의 법칙을 지키며 모리츠케(음식을 그릇에 세팅하는 것)하는 것도 요리의 한 부분이라고 생각한다.

추운 북해도에서 더운 오키나와까지 긴 섬나라인 일본은 지역마다 특성이 뚜렷하며 관서지방 음식과 관동지방 음식으로 구별된다. 관서지방 음식은 전통적인 일본요리가 발달한 곳으로 교토의 담백한 채소 요리와 오사카의 실용적이고 합리적인 생선 요리가 주종을 이루는 데 반해, 관동지방 음식은 설탕과 간장을 써서 요리의 맛을 진하게 낸다.

(1) 죠몬시대(縄文, BC 14000~BC 300)

죠몬시대는 식재료를 익혀서 먹었던 시기이다. 약 1만 2천 년 전으로 추정되는 죠몬토기가 발견되었으며 토기를 사용하여 굽기, 볶기, 조리기 등의 조리를 한 것으로 조사되었다.

(2) 야요이시대(弥生, BC 300~AD 250), 고훈시대(古墳, 250~538)

야요이시대는 물을 이용한 원시적 벼농사가 이루어진 시기로 주식과 부식이 분리된 일본의 음식문화가 형성된 시기이다. 식기는 야요이토기와 나무를 자르고 깎아서 만든 목기를 사용하였다.

고분시대에 이르러서는 주식과 부식의 개념이 더욱 확실해지고 주거 공간에 화덕, 솥, 시루 등의 주방기기가 도입되었다. 식기는 목기와 금속기를 사용하였다.

(3) 아스카시대(飛鳥, 538-710), 나라시대(奈良, 710~794), 헤이안시대(平安, 794~1185)

아스카시대에는 중국과의 국제 교류에 의해 중국문화가 음식문화에 영향을 미쳤다. 중국에서 요업기술이 도입되어 도기가 만들어졌으며 소금, 된장, 식초, 간장 등의 조미료와 식재료, 조리기술이 중국으로부터 도입되었다.

나라시대에는 당나라 음식을 모방하였으며 서민은 토기 · 목기 그릇을, 귀족은 칠기 · 청동기 · 유리그릇을 사용하였다. 불교 사상의 영향으로 육식은 하지 않았으며 눈으로 먹는 음식이라 할 정도로 식품의 색과 형태의 조화를 중요시하였다.

헤이안시대는 일본요리의 근본적인 형태와 접대하는 마음의 의식이 확립된 시기라고 말할 수 있다. 손님을 초대하면 주인 또는 요리사가 조리해서 손님들에게 보여주는 것을 접대하는 마음의 하나라고 생각하였다. 또한 조정의 식사를 관장하는 관직이 따로 있어 남에게 보이기 위한 귀족 요리를 만들기 시작하였는데 이것이 현재까지 이어져 일본요리 형식의 기본이 되었다. 형식을 중시하는 고급스럽고 사치스러운 '대향요리' 가 등장하였고 삶기, 굽기, 데치기, 무치기, 탕, 절임 등의 일본식 요리형태가 나타났다. 헤이안시대는 일본요리의 기초가 정립된 시기라고 할 수 있다.

(4) 가마쿠라시대(鎌倉, 1185~1333), 무로마치시대(室町, 1336~1573)

가마쿠라시대는 무가 사회로 소박하고 간소하며 형식에 얽매이지 않는 합리적인 식생활이 특징이라고 할 수 있다. 불교 선종의 발달로 육식, 어패류 등을 사용하지 않은 사원 요리인 쇼진요리(精進料理)가 발달하여 서민에게 보급되었고 승려는 1일 3식, 서민은 2식이 일반적이었다. 또한 정가의 정식 요리로서 일본요리의 기본형인 혼젠요리(本膳料理)가 나타났으며, 식기는 사원용이나 무가의 특별한 날을 위해 칠기의 선(膳)이 사용되었고 보통은 목기와 젓가락이 사용되었다. 이 시대에 두부가 들어와 많이 이용되었으며 송에서 차가 수입되어 재배되기도 하였다.

무로마치시대는 실질적인 식생활에 조금씩 형식적인 양상이 나타나기 시작한 시기로 예의범절을 중시하는 일본의 정찬 요리이자 향응 요리인 혼젠요리(本膳料理)가 완성된 시기이다. 또한 1일 2식이었던 식생활에서 무사들의 체력 소모를 보완하기 위해 1일 3식으로 변화하였다.

(5) 아즈치 · 모모야마시대(安土 · 桃山, 1573~1603), 에도시대(江戸, 1603~1867)

아즈치 · 모모야마시대는 호화로움과 한적한 생활, 검소한 취향과 사치스러운 취향을 동시에 갖춘 무사의 시대이다. 차의 생활화에 따라 차카이세키요리(茶懐石料理, 다도에서 차를 내기 전에 나오는 간단한 요리)가 번성하였으며 남방무역으로 남방요리(쇠고기, 닭고기, 생선에 파를 넣고 섞어서 조린 요리)가 전해져 일본요리를 발전시켰다. 덴푸라가 등장하고 새로운 채소, 설탕, 향신료 등의 식재료가 유입되었으며 나이프와 포크, 스푼, 와인, 브랜디, 위스키가 수입된 시기도 이때이다. 이 시대의 대표적인 특징은 혼젠요리를 간소화한 카이세키요리(會席料理)의 등장이다.

에도시대는 1603년 도쿠가와 이에야스가 막부 정치를 연 이후부터 1868년 메이지유신이 있기 전의 약 260여 년간을 말한다. 이 시대에는 무사가 지배권을 쥐고 있었지만 서민이나 도시의 일반 사람들의 문화적인 영향이 컸다.

사회적 안정을 배경으로 각 시대의 여러 요리를 흡수 · 소화하고 이를 발전시킨 일본요리의 전성기이며 식문화 집대성의 시기이다. 즉 식품조리법, 식사법 등이 모두 어우러져 일본식의 완성기를 맞게 된 시기라고 할 수 있다.

또한, 1일 3식이 완성되면서 한 사람씩 개별적으로 상을 차리는 개인상이 보편화되었고, 식기는 자기가 만들어지게 되었다.

이 시대에는 거리에 서민을 상대로 하는 음식점이 나타나 도시 일반인들도 여러 사람이 함께 모여 카이세키요리를 즐기게 되었다. 이때의 카이세키요리는 형식에 구애됨이 없이 술과 요리를 맛있게 먹는 것이 주목적으로 손님의 기호와 사람 수, 연령 등에 의해 어느 정도 형식을 따르면서 메뉴의 수와 내용을 자유롭게 변화시킨 것으로 연회와 회식에 폭넓게 이용되어 현대까지 계승되고 있다.

(6) 메이지시대(明治, 1868~1912), 다이쇼시대(大正, 1912~1926)

근대화 시기로 메이지유신 이후 식품의 금기가 사라지고 메이지 5년에 육식이 허용되었다. 요리 잡지나 가정요리를 위한 요리학교, 여성들에게 가정에 대한 일반적인 것들을 가르치는 여자 대학이 생겨났으며 또한 프랑스요리가 도입되어 서양 음식점이 생겨나면서 식생활은 점차 서구화되어 갔다.

다이쇼시대는 일식과 양식이 절충된 시기로 다리를 접을 수 있는 작은 밥상이 보급되면서 가족 전원이 같은 식탁에 둘러앉아 식사를 하는 새로운 문화가 생겼다.

이러한 시대별 변천사를 거치면서 일본은 독특한 상차림 문화를 형성하여 왔다. 일본 상차림의 종류는 쇼진요리(精進料理), 카이세키요리(會席料理), 차카이세키요리(茶懷石料理), 혼젠요리(本膳料理) 등이 있다. 호칭은 요리의 소재나 내용을 나타내고 있으며 다른 요리에도 많은 영향을 주었다.

● **쇼진요리(精進料理)**

살생금단의 불교와 연관되어 수행 중인 승려의 일상식, 먹는 방법을 일반인이 지칭할 때 이를 쇼진요리라고 한다. 절에서의 채소 중심 요리를 발전시킨 것으로 어패류나 육류, 파, 마늘을 넣지 않고 두부, 대두가공품, 채소, 해초 등의 식물성 식품을 원료로 한 요리법이다. 사원 안에 존재했던 쇼진요리는 가마쿠라시대에서 무로마치시대에 일반 사회에서 하나의 요리 양식으로 확립되었으며 가마쿠라시대의 불교 융성과 함께 일반 시민에게까지 널리 퍼졌다. 쇼진요리는 기름과 전분을 많이 사용하는 것이 특징이다.

● **카이세키요리(會席料理)**

복잡한 혼젠요리(本膳料理)를 일반인이 이용하기 편리하게 개선한 형태로 다양한 술과 함께 나오므로 요정 요리라고도 한다. 현재 일본의 연회용 요리로 그 형식이 남아 있다.

이전에 발달한 혼젠요리(本膳料理)나 차카이세키요리(茶懷石料理)가 그 기본이 된 것으로 이 요리는 형식보다는 아름다운 외양과 향기로운 냄새, 맛을 추구한다. 정통 일본요리를 고집하기 어려운 일본에서 결혼 피로연, 공식 연회 등에 가장 많이 쓰이는 상차림으로 현재 일본의 음식점, 호텔 등에서 이용되는 코스 요리 대부분이 카이세키요리이다. 손님을 초대할 때는 카이세키요리를 7품으로 준비하여 순서대로 음식을 내어 놓는다. 가장 먼저 술과 전채요리를 낸 다음 스이모노(맑은 국), 사시미(생선회), 야키모노(구이), 니모노(조림), 찜이나 튀김의 순서로 음식을 내고 마지막에 밥, 미소시루(일본 된장국), 절임 김치를 한꺼번에 낸다. 후식으로는 과일, 차, 단 과자를 낸다.

● **차카이세키요리(茶懷石料理)**

소량의 음식만을 마음으로 음미한다는 합리적인 마음가짐이 차카이세키요리로 발전하였다. 차를 더욱 맛있게 마시기 위해 진한 차를 마시기 전에 가벼운 식사를 내었던 것이 이 요리의 시작이었다. 카이세키요리(會席料理)가 기술을 모아 훌륭하게 보이도록 음식을 만들어 흥을 돋우는 것이 목적이라면, 이와 반대로 적은 듯 조심스럽게, 먹는 사람의 몸과 하나가 되는 것을 목적으로 하는 것이 차카이세키요리이다. 차카이세키요리는 본래 가지고 있는 맛을 중요시하기 때문에 조미료를 과량 사용하지 않고, 기술을 많이 넣지 않으며 일생에 단 한 번뿐인 만남이라는 마음가짐을 갖고 자신 있는 요리를 만들어 맛있게 먹는 것을 원칙으로 한다.

차카이세키요리는 차를 들기 전에 내는 요리이므로 아주 간단하고 적은 양이지만 만드는 방법은 매우 까다롭다.

● 혼젠요리(本膳料理)

혼젠요리는 주로 관혼상제 때 쓰이는 정식 상차림으로 차리기가 매우 복잡하다. 에도시대로 내려오면서 상차림이 화려해지고 요리에 예술성을 띠게 된 혼젠요리는 지금까지 내려오는 정식 향연 요리이기는 하나 격식을 차려야 할 중요한 연회나 혼례 요리 외에는 별로 사용하지 않는 점이 특징이다.

상은 다섯 개를 차리는 것이 정식으로 제1의 상을 혼젠, 그 다음부터의 상을 니젠(2), 산젠(3), 요노젠(4), 고젠(5)이라고 한다. 또한, 차림은 국물과 요리의 숫자에 따라 구분하여 국물 한 가지에 요리가 세 가지이면 1즙 3채라고 한다. 1즙 3채 이외에도 1즙 5채, 2즙 5채, 2즙 7채, 3즙 9채 등이 있다. 격식 있는 결혼 상차림은 매우 호화스러워 다섯 개의 상에 3즙 9채를 내며 생일, 졸업, 입학식에는 세 개의 상에 2즙 7채의 상차림을 주로 한다. 혼젠요리는 복잡성 때문에 현재는 거의 볼 수 없게 되었지만, 이 양식은 차카이세키요리와 카이세키요리의 기본이 되었다.

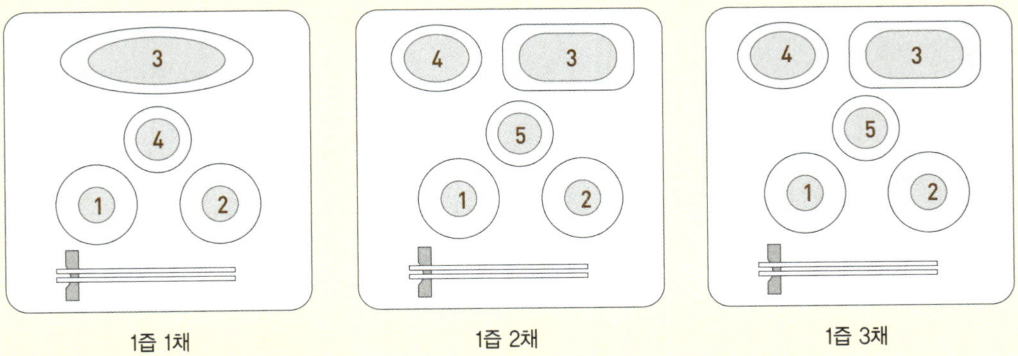

일본가정의 상차림과 세팅법

1즙 1채 : 1밥 2국, 주 3주요리 4절임
1즙 2채 : 1밥 2국, 주 3주요리 4주요리에 곁들여 먹는 반찬 5절임
1즙 3채 : 1밥 2국, 주 3주요리 4주요리에 곁들여 먹는 반찬 5절임

2. 서양의 식공간 변천사

1) 고대

(1) 그리스시대(Greece, BC 2000~AD 30)

그리스인들은 화려한 연회를 자주 열어 손님들을 접대하였으며 이러한 연회는 저녁부터 행해졌다. 연회에는 주로 남성의 참가만 허락되었고 여성은 악기 또는 무용을 위해 참가하였다.

특권층만의 식사방식으로 '클리네 kline' 라고 불리는 긴 의자에 가로로 누워서 식사를 하였는데 클리네 kline 밑에 트라페자 trapeza라는 보조 탁자를 두고 식사 때 꺼내어 놓고 사용하였다.

시종들은 식사시간이 가까워지면 식사하는 사람들 앞에 여러 개의 테이블과 술잔, 빵 바구니 등을 가져다 놓았다.

당시 연회용 테이블 위에는 포크가 없었으며 초대된 사람들은 신분에 관계없이 모두 손으로 음식을 먹었다. 고기를 먹기 위한 칼과 퓌레 종류를 먹기 위한 화려한 손잡이가 달린 스푼, 나무나 금속으로 만든 사발이 있었고, 접시 대신 둥근 모양의 받침대를 놓았다.

서민들의 식생활은 빈곤하였지만 부유층의 식사는 빵과 수프를 곁들인 주식에 고급 생선요리, 고기와 과일까지 갖춰 매우 사치스러웠다.

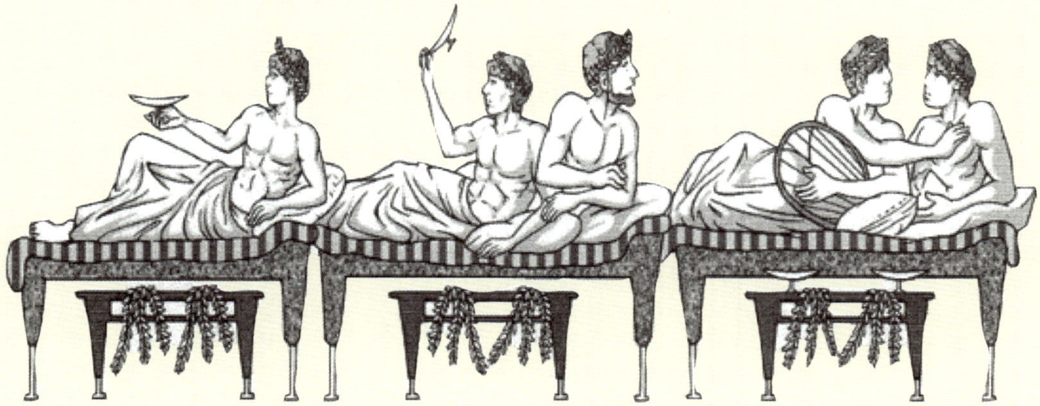

그리스시대의 식공간(클리네와 트라페자) 출처: 그리스시대의 연회 장면(Jacqueline maillard, Pascal hinous)

(2) 로마시대(Rome, BC 510~476)

3세기 전반에 지중해 패권을 장악한 로마는 곡물과 향료로 로마식 향연이라고 불리는 화려한 식도락을 즐기며 로마 귀족에 의한 음식문화를 확립하였다. 로마시대 사교의 중심은 케나La Cena라고 하는 연회에서 시작한다. 케나의 특징은 손님들이 식사를 할 때 테이블 옆에 있는 3인용의 트리클리니움triclinium(경사진 침대)에 누워서 식사를 하는 것이다. 트리클리니움에는 편안함을 위해 쿠션과 베개도 갖추어져 있었으며 누워서 식사를 하는 것은 귀족들만의 특권이었다. 트리클리니움 앞에는 같은 높이의 테이블이 있어 팔을 뻗어 음식을 먹었으며 그리스인

로마시대의 식공간(트리클리니움) 출처 : 食卓のコーディネート

과 마찬가지로 여전히 포크를 사용하지 않고 손으로 식사를 하였다. 따라서 초대된 손님들은 각자 마파 mappa라고 하는 냅킨을 지참하여 음식 때문에 더러워진 손을 닦기도 하고 남은 음식을 가져가기 위해서도 사용하였다. 봄베이의 벽화에는 유리컵이나 유리 그릇, 은제품의 술잔이나 스푼 등이 그려져 있어 당시 식탁에서 사용되었음을 엿볼 수 있다.

2) 중세(Middle Ages, 476~1453)

중세 초기에는 식사 전용 테이블이 없었기 때문에 식사가 끝나면 치워 놓을 수 있도록 받침대(트레슬 trestle) 위에 상판을 올려놓는 조립식 형태의 테이블을 사용하였다. 그 위를 세 장의 천으로 테이블 양쪽 끝과 중간에 한 장씩 덮어서 각각 손님이 앉는 측의 지면에 닫지 않을 정도로 늘어뜨렸다. 이것은 식사를 한 후 손을 닦기 위한 용도로 사용되었다.

이 당시에는 도자기가 없었기 때문에 식기 대용으로 나무나 금속으로 된 트렌처 trancher를 놓고 그 위에 빵을 놓았다. 손님들은 손과 나이프로 접시의 고기를 집어 빵 위에 놓고 먹었는데 이 빵은 먹지 않고 식사가 끝난 후 부엌에서 하인과 가난한 사람들에게 나누어주었다.

이 시대에는 몸의 냄새와 동물의 불쾌한 냄새를 가리기 위하여 향기 나는 꽃을 테이블 주변 바닥에 흩뿌려 식공간을 연출하였다. 또한 꽃과 꽃을 연결한 화관이나 화환을 만들어 테이블이 위치한 방과 테이블 주변을 꽃으로 장식하기도 하였다.

중세시대의 식공간

출처: 14세기 트렌쳐와 핑거볼(Jacqueline maillard, Pascal hinous)

(1) 르네상스시대(Renaissance, 14~16세기)

카트린느 드 메디치 (Catherine de Medichi)

15세기 이탈리아에서 시작된 르네상스는 16세기에는 유럽 전역으로 퍼져 나갔다. 이 운동은 중세 교회생활에 회의를 느껴 고대 그리스 · 로마 문화를 부활시키려는 목적으로 전개되었다. 르네상스 시대에는 식탁의 르네상스라고 일컬어질 만큼 현란한 식도락 문화가 상류층에서 꽃피게 되었고 음식은 하나의 진정한 예술이 되었다.

1533년 프랑스의 앙리 2세와 결혼한 이탈리아 메디치 가문의 카트린느 Catherine de Medichi 여왕은 프랑스의 식문화에 혁명을 가져온 인물로 대식가이며 미식가였다. 그녀는 프랑스 식사예법을 모두 우아한 이탈리아식으로 고쳤으며 포크 사용을 권장하였다. 그 당시 귀부인들은 남에게 식사하는 모습을 보이기 싫다고 하여 독방에서 혼자 식사를 하였는데 까뜨린느 여왕은 독방에서 나올 것을 명하였다. 또한 디너에 여성을 동반하게 하고 향수 사용을 권장하는 등 식문화뿐만 아니라 여성의 지위 향상에도 공헌하였다.

르네상스시대의 식사 장면
출처: 프랑스가 들려주는 이야기

16세기 식사 양식의 특징은 많은 요리로 구성된 각각의 식사과정으로 테이블 위에 놓여 있는 음식을 각자 자유롭게 가져다 먹었다. 테이블 위의 음식 그릇 수는 대략 손님의 수에 비례하였으며 식사하는 사람이 매우 적은 경우가 아니면 개인 컵을 놓을 수 없었다. 따라서 음료를 마시고 싶은 사람은 컵 담당 하인을 불러 식기 선반에서 컵을 꺼내 음료를 채워 가져오게 하였다. 식기 선반은 방 한쪽 구석에 있어 귀중품으로 들고 다녔던 금은 식기류를 보관하거나 연회를 할 때에는 물과 와인을 따르는 장소로 사용되었다. 보통 귀족계급의 사람들은 다른 사람의 집에도 자기 하인을 데리고 가서 자기의 시중을 들게 하였다.

이 시대의 대표적인 센터피스는 금은 세공으로 장식된 선박 모양의 네프 nef이다. 권위의 상징인 네프는 자물쇠가 채워진 구조로 소금, 향신료를 넣었으나 크기가 큰 것에는 주변의 나이프, 스푼, 냅킨 등을 넣기도 하였다.

(2) 바로크시대(Baroque, 1620~1740)

루이 14세

17세기에 이르러서는 공개 회식과 더불어 내연의 소수인만이 서로 마주 보고 식사하는 형식이 생겨났다.

루이 14세에게 화려한 식탁은 권력을 과시하는 수단이었으며 구경꾼이 지켜보는 가운데 공개회식을 개최하기도 하였다. 향연이 끝나면 주변의 구경꾼은 남은 음식을 먹을 수 있었다. 군주의 식탁에는 온갖 산해진미가 올랐고 상상을 초월할 정도로 값비싸고 진귀한 금은 세공품의 식기들이 사용되었다. 나이프와 포크 같은 식사도구는 여전히 큰 접시에서 작은 접시로 음식을 덜어내는 데 사용되었을 뿐 음식을 먹는 데는 쓰이지 않았다. 따라서 식사 전후에 손을 씻어 청결을 유지하였으며 높은 신분의 사람에게 손을 닦기 위한 냅킨을 주는 것은 하나의 특권으로 여겨졌다.

바로크시대의 식공간 출처 : 食卓のコーディネート

개인용 접시의 사용 역시 루이 14세 시대부터 시작되었는데 개인 접시는 식사가 한창 진행 중일 때는 사용되지 않고 식사 후 모두 식탁을 떠나 응접실이라는 방으로 옮기고 나서 나오는 과일과 크림, 단 과자 comfits 등을 먹을 때 사용하였다. 이후 한창 식사 중에도 이러한 개인 접시를 사용하게 되었다.

내연의 소수사람들이 서로 마주 보고 식사하는 방식은 서비스 방식에 변화를 주어 유럽의 귀족사회에서 주류가 된 프랑스식 서비스로 발전하였다. 3코스로 구성된 프랑스식 서비스는 일품씩 나오는 것이 아니라 1코스마다 한 번에 몇 종류의 요리가 나온다. 좌우대칭으로 늘어놓았던 요리는 두는 장소가 정해졌고 개인용 접시도 식탁에 규칙적으로 배치되었으며 테이블 중앙에 큰 접시, 촛대, 수프 튜린 soup tureen 등의 장식물을 올렸다. 이러한 프랑스식 서비스는 웅장한 전시효과를 가지고 있었다.

프랑스식 서비스

(3) 로코코시대(Rococo, 1710~1774)

로코코시대는 무거운 궁중요리보다는 살롱 등 귀족들의 우아한 사교적인 모임이 더욱 적합한 시기였고 새로운 식사 양식인 야식이 유행하였다. 가벼운 식사 중심의 야식은 우아한 분위기로 귀족들만의 긴밀한 야식회를 즐기기 위해 하인을 부리지 않았다는 점이 특징이다. 무언의 하인이라고 불리는 소형가구나 와인이나 글라스를 넣는 용기 등이 고안되었다.

저택 안에 식사 전용의 방인 식당이 생겨 원형의 테이블이 사용되었고 테이블 주변을 장식하던 꽃이 테이블 위에 등장하게 되는 등 테이블 장식이 오늘날과 같은 형태를 갖추게 되었다. 또한 17세기만 해도 개인용 접시에 머무르던 서빙 구조가 변화되어 전체 식사의 콘셉트에 맞는 4피스의 디너세트가 등장하게 되었다. 테이블 세팅에 개인의 개념이 구체적으로 적용되었으며 상류계급의 여성은 남성과 동등하게 식사를 즐겼다.

루이 15세 시대에는 퐁파두르 Pompadour 부인의 도움으로 세브르 Severes 자기가 만들어져 식사 시 같은 디자인의 통일된 디너세트가 놓여졌다. 그리고 금은의 커틀러리 cutlery가 자수를 놓은 호화로운 테이블클로스 위에 세팅되었다. 당시에는 주름을 넣거나 테두리에 고급스러운 장식이 있는 새틴 satin과 실크 silk 소재의 테이블클로스 table cloth가 유행하였다.

이때부터 사람들은 이제 손가락은 사용하지 않고 미리 접시의 우측에 늘어놓았던 나이프, 포크, 스푼을 사용하였으나 와인 글래스는 식탁에 미리 놓여

로코코시대의 식공간

출처: テーブルコーディネート

있지 않고 소형 가구에 넣어져 있었다.

18세기는 연회나 특별만찬에서 러시아식 서비스나 프랑스식 서비스가 공존했던 시기이다. 프랑스식 서비스는 첫 번째 코스 요리를 손님들이 자리에 앉기 전에 전부 식탁 위에 올려놓았기 때문에 음식이 식어 최적의 상태에서 먹을 수 없었다. 이에 반하여 러시아식 서비스는 테이블 위에 요리를 올리지 않고 모든 것이 주방에서 준비되어 하인이 직접 서비스하여 전원이 같은 요리를 먹도록 하는 것이다. 러시아식 서비스는 최고의 상태에서 요리를 맛볼 수 있었으나 자신들이 좋아하는 음식만을 골라 먹을 수 있다는 이유로 대부분의 식도락가들은 프랑스식 서비스를 선호하였다.

3) 근대

(1) 빅토리아 시대(Victoria, 1837~1901)

빅토리아 시대는 영국 빅토리아 여왕의 제위기간이었던 1837년에서 1901년에 이르는 약 64년간을 말한다. 빅토리아 시대는 산업혁명에 의해 도자기와 실버웨어 silverware가 대량으로 생산되어 넓은 계층에서 다양한 테이블 연출이 가능했던 시기이다. 동물의 뼈를 태운 재를 넣어 만든 본차이나 bone china가 개발되어 도자기의 종주국 역할을 해왔던 중국으로부터 그 중심이 영국으로 옮겨가게 된 시기이기도 하다.

다양한 디자인 양식의 재인식으로 말미암아 여러 시대의 테이블 세팅 요소들이 공존하였던 시기로 식기 디자인에서도 고딕 양식, 르네상스 양식, 고전주의 양식이 다시 유행하였다. 커틀러리 cutlery에서는 중간계층도 은제 포크를 사용하였으며 뼈, 진주, 상아와 같은 재질이 손잡이에 사용되었다. 또한 포크의 갈래는 짧아지고 가까이 붙게 되었으며 자연적 문양으로 포도와 넝쿨이 섬세하고 아름답게 표현되는 등 다양한 문양을 새겨 놓은 상아 손잡이도 유행하였다.

센터피스 centerpiece 또한 다른 식탁 요소와 마찬가지로 고딕 양식이나 고전주의 양식을 선호하였다. 화려한 촛대와 중앙부를 장식한 꽃들을 볼 수 있으며 테이블 위를 은제나 도제로 된 호화로운 장식물로 꾸며 놓아 부를 자랑하였다.

이 시대의 부유층 식사에서는 매 코스에 따라 식기를 바꾸어 각 가정에는 많은 식기 세트가 있었으며 하인들은 식탁을 차리기 위한 식기류를 두기 위해 식당 벽 쪽에 비치된 찬장에 충분한 공간을 비워두고 그곳에 접시와 컵을 두었다.

빅토리아 시대의 공간은 공기가 잘 순환되지 않고 햇빛도 잘 들지 않으며 엄격하고 따분한 분위기로 눈에 들어오는 모든 면과 공간에는 가구, 골동품, 벽걸이, 직물 등이 조화를 이루지 못한 채 혼합되어 있었다.

빅토리아 시대의 식공간

출처: China and Glass in America

(2) 아르누보 시대(Art Nouveau, 1880~1920)

19세기 말에서 20세기 초 유럽과 미국에서 유행한 새로운 예술이라는 의미의 아르누보는 인간성 회복과 자연과의 조화를 목표로 한 양식이다.

아르누보 시대에는 프랑스식 서비스가 국제적 공식 서비스로 정착되고 일반인도 미식에 대한 관심이 고조되었던 시기로 뷔페, 카페테리아 식사법이 등장하였다. 또한 이 시기에는 부르주아 계급들 간의 사회적 교류를 위한 티파티 tea party가 성행하였다.

18세기 산업혁명으로 대량생산이 가능하게 되었지만, 기계화와 획일적인 제품은 생산품의 질적 가치를 떨어뜨렸고 아름다움이 결여되는 등의 문제점이 드러나고 있었다. 이런 현상이 중세의 수공예품에 대한 향수를 불러일으켰다.

아르누보 시대의 식공간

출처: Art Nouveau

도자기 제품보다 금속 테이블웨어 tableware를 통해 자연의 형태를 표현했으며 대량 생산 제품보다는 핸드메이드의 제품이 많이 이용되었다. 커틀러리 cutlery는 손잡이 부분이 꽃으로 장식되어 있거나 곡선으로 표현된 제품이 많이 생산되었다. 영국의 아르누보 금속제품 생산은 리버티 상사에서 주도하였다.

식공간연출 시 자연에서 흔히 접할 수 있는 곤충, 물, 꽃, 나뭇잎 등의 자연주의 양식에 기초한 무늬나 추상적인 곡선 무늬로 장식하였으며 흰색 바탕에 담청색, 분홍색, 녹색, 회색 같은 연한 색을 이용하였다. 테이블린넨 소재로는 아름다움을 살리기 위해 부드러운 레이스 lace, 시폰 chiffon, 오건디 organdy 등 부드럽고 얇게 비치는 직물을 애용하였다.

1910년부터 기능성과 사회성을 중시하는 풍조가 강해지면서 아르누보는 쇠퇴해갔다.

(3) 아르데코 시대(Art deco, 1920~1939)

아르데코 양식이 발생하기 시작한 시기는 1920년대 전후이다. 아르데코 시대는 제1차 세계대전과 1917년의 러시아혁명을 시작으로 세계경제 대공황으로 이르는 격동과 혼란 속에 위치한 시대였다. 아르데코 양식은 아르누보의 환상적이고 쾌락적인 미학에 대한 반발로 프랑스를 중심으로 유럽과 미국에서 유행하였다.

아르데코 양식은 아르누보 양식과 정반대로 그 기능성과 본질적인 미를 살리기 위하여 물체의 선을 단순화하였다. 아르데코에서 쓰였던 주요한 색은 아르데코의 대표적 특징인 단순성을 가장 적절히 표현한 검은색, 아르데코의 모던함을 표현한 금색과 은색, 원색, 선명하고 산뜻한 파스텔의 대담한 색 등이 주조를 이룬다. 식물을 모티브로 한 자수가 놓인 연한 분홍 테이블클로스가 등장하였는데, 이는 테이블에 사용되는 천에도 컬러가 도입됐음을 말해준다.

아르데코의 테이블웨어 tableware는 심플한 모양, 기하학 모양의 도자기를 사용하였고 커틀러리는 직선적인 미를 가진 모던한 것을 이용하였다.

루비색 ruby red, 남청색 cobalt blue, 진녹색 deep green의 다양한 글래스웨어 glassware가 생산되었고 고블렛 goblet에서 코디얼 cordial까지 다양한 종류의 스템웨어 stemware를 생산하기도 하였다. 단순한 스템 stem에 볼 bowl의 색을 여러 가지로 하거나 다각형의 볼을 가진 글래스웨어 glassware가 유행하였다.

테이블 연출에 있어서도 상품 자체의 장점을 살리기 위해 테이블 위에 가득히 늘어놓거나 요란하게 장식하는 것을 배제하였다.

CHAPTER

03 식공간과 색채

공간연출을 할 때에는 연출의 목적을 정확히 파악하여 그에 맞게 디자인을 해야 한다. 색은 우리 삶의 건강과 환경의 미적 조화를 결정하는 가장 중요한 요소로 푸드코디네이터는 색채에 대한 기본 지식 및 배색 원리에 대한 지식을 갖추어야 한다.

아무것도 없는 테이블 위에 한 장의 테이블클로스를 깔면 한순간에 테이블 위에 색이 퍼진다. 거기에 색을 강조하기 위하여 동색 계열의 꽃을 장식하고 동색 계열의 초를 놓는 것만으로 색의 효과가 나타난다.

식공간에서 5%를 차지하는 요리는 악센트 컬러가 되며 30%를 차지하는 식기와 도구는 서브 컬러가 되고 65%의 주위 배경은 베이직 컬러가 된다. 공간연출에서 색채는 전체 공간의 이미지를 결정하는 주된 인자로 중요한 위치를 차지한다.

1. 색의 속성에 따른 식공간연출의 효과

색의 속성은 색상 hue, 명도 value, 채도 chroma로 나뉜다. 색상이란 각각의 색이 가지고 있는 독특한 성질을 말하며 이는 유채색만이 가지는 속성이다. 색상 중 따뜻하게 느껴지는 색을 난색이라 하는데, 대표적으로 빨강과 노랑이 여기에 속하며 따뜻한 색끼리 조합할 경우 동적이고 따뜻함을 느낄 수 있다. 한색은 차갑게 느껴지는 색으로 청록, 파랑, 남색 등이 대표적이며 차가운 색끼리 조합할 경우 정적인 분위기를 연출할 수 있다. 그리고 난색과 한색을 조합할 경우에는 쾌적함을 느끼게 한다.

밝은 색 또는 어두운 색으로 구분되는 어두움의 정도를 명도(明度)라고 한다. 유채색으로는 노랑이 가장 높은 명도를 가지고 있고 다음은 주황, 빨강, 녹색이 비슷한 명도를 가지고 있다. 무채색의 경우 가장 명도가 높은 색은 흰색, 낮은 색은 검은색이다. 높은 명도의 색끼리 조합하면 가볍고 밝은 느낌을, 낮은 명도의 색끼리 조합하면 무겁고 어두운 느낌을 연출할 수 있다. 그리고 높은 명도와 낮은 명도를 조합하면 강하지만 명쾌함을 느낄 수 있다.

진한 색 또는 연한 색으로 구분되는 것을 채도(彩度)라고 하고, 이는 색의 강하고 약한 정도를 말한다. 동일색상 중에서도 가장 채도가 높은 색을 그 색상의 순색 clear color이라 하고, 채도가 가장 낮은 색을 탁색 dull color이라고 한다. 채도가 높은 색끼리의 조합은 젊음과 활기를, 채도가 낮은 색끼리의 조합은 차가움과 은은함을 느낄 수 있다. 그리고 높은 채도와 낮은 채도의 조합은 화려함을 느끼게 해준다.

2. 배색에 따른 식공간연출의 조화

색의 배색이란 두 가지 이상의 색을 조합하여 한 가지 색에서 얻을 수 없는 효과를 얻는 것을 말하며 동일색상이나 유사색상 그리고 반대색상으로 배색

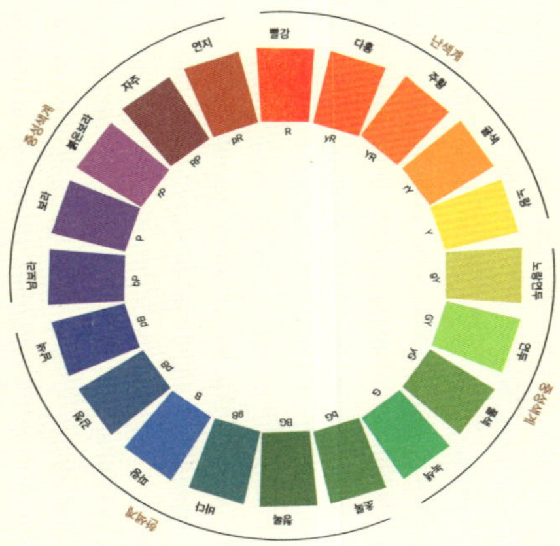

먼셀의 20 색상환

하는 방법이 있다. 배색은 색채 조화의 기본적인 요소라고 할 수 있다.

색상환을 보면 각각의 색상에 대한 유사, 보색 관계를 쉽게 알 수 있다. 빨강은 그 옆에 가까이에 붙어 있는 주황이나 자주와는 유사한 색상을 가지고 있다. 그러나 색상환에서 빨강의 반대쪽에 위치하는 청록은 빨강과 보색 관계로 두 가지를 배색하면 강한 대비감을 느낄 수 있다.

1) 동일색상 배색(monochromatic color harmony)

동일한 색상의 범위에서 명도와 채도를 달리하여 배색하는 방법이다. 동일색상 배색에서는 한 가지 색상만을 사용하므로 자연스러운 통일감과 안정적인 느낌이 든다.

다음은 동일색상 배색을 활용한 테이블 연출의 예이다. 테이블클로스와 냅킨을 테이블 세트 table set라고 하는데 같은 소재, 같은 색의 테이블클로스와 냅킨을 코디네이트하는 것이 기본이다. 이처럼 동일색상의 테이블클로스와 냅킨을 코디네이트할 경우에는 안정적이고 차분하며 부드러운 느낌이 연출된다.

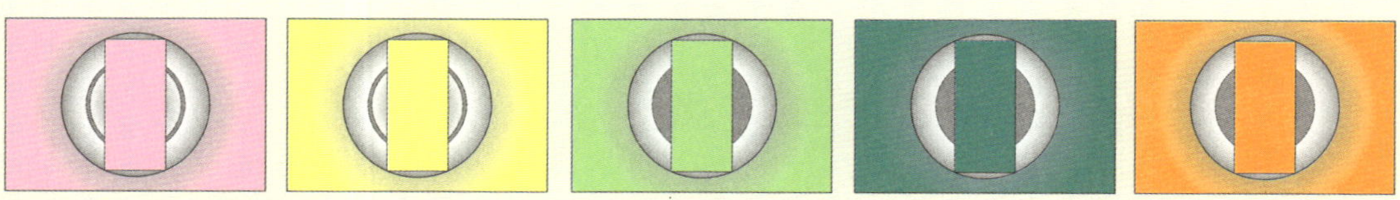

동일색상으로 배색한 테이블 연출의 예

2) 유사색상 배색(analogous color harmony)

색상환에서 바로 옆에 위치한 색상끼리 배색하는 방법이다. 유사색상끼리는 서로 공통되는 느낌을 가지고 있기 때문에 안정적인 느낌을 얻을 수 있다. 그러나 서로 이웃한 색의 차이가 너무 작을 경우에는 오히려 조화롭지 못한 배색이 되기도 하므로 주의해야 한다.

다음은 유사색상 배색을 활용한 테이블 연출의 예이다. 유사색상의 테이블클로스와 테이블 냅킨을 코디네이트할 경우 전체적으로 차분하고 정적이며 자연스러운 분위기를 연출할 수 있다.

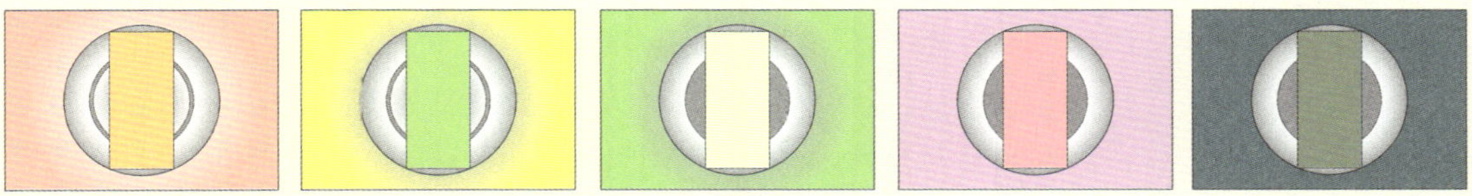

유사색상으로 배색한 테이블 연출의 예

3) 반대색상 배색(complementary color harmony)

색상환에서 반대색상 관계에 있는 색으로 배색하는 방법이다. 이미지와의 차이가 큰 색상끼리 배색하는 것이므로 유사색상 배색보다 대비contrast(콘트라스트)가 강한 느낌을 얻을 수 있다.

다음은 반대색상 배색을 활용한 테이블 연출의 예이다. 반대색상의 테이블클로스와 테이블 냅킨을 코디네이트할 경우 캐주얼하고 활동적인 느낌을 연출할 수 있다. 정찬용 테이블 연출에는 적당하지 않지만 동일색상, 유사색

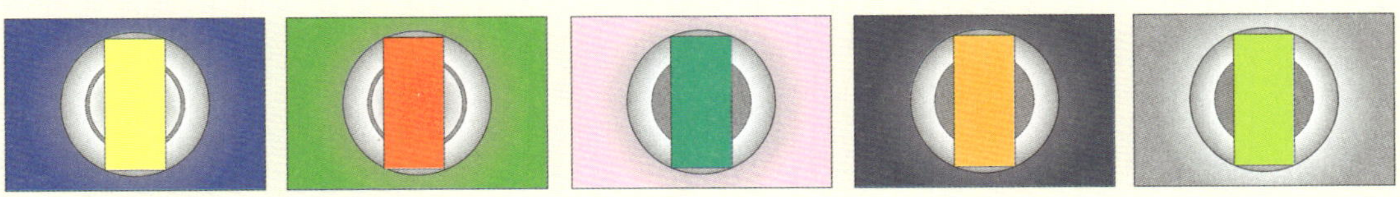

반대색상으로 배색한 테이블 연출의 예

상 배색보다 화려하고 생동감 넘치는 연출이 가능하다.

3. 색이 미각에 미치는 영향

우리의 감각은 별도로 독립되어 있는 것이 아니라 서로 보완기능을 가지고 있다. 특히 색과 식욕은 서로 직접적인 연관이 있으므로 식공간의 색채 선택은 매우 중요하다.

밝고 따뜻한 색인 빨강, 주황, 노랑은 소화기관을 포함하여 인간의 자율신경계를 자극하는 반면, 어둡고 차가운 색은 자율신경계를 이완시킨다.

스펙트럼 상의 색을 보면, 식욕을 가장 돋우는 색은 주황색 부분이며 연두색 쪽으로 가면서 식욕이 점점 떨어진다. 그리고 찬 녹색이나 청록색이 되면 다시 식욕을 찾고 보라색에 이르면 다시 떨어지게 된다. 사실상 우리는 음식의 색에 거의 즉각적이라고 할 수 있는 반응을 일으키며, 그에 따라 식욕이 증진되기도 하고 감퇴하기도 한다.

색채와 미각의 관계를 살펴보면, 미각은 시각에 의해 크게 결정되고 있으나 다른 감각 기관의 중요성도 무시되어서는 안 된다. 그러므로 색채 디자인 연구는 인간의 감성과 감각을 기반으로 이루어져야 한다.

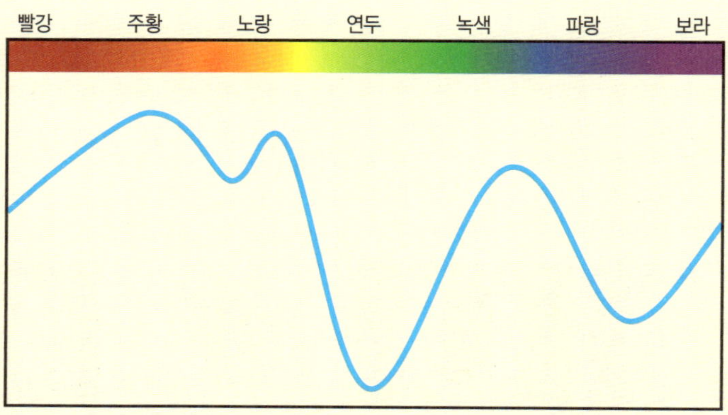

식욕의 스펙트럼 현상

● 노랑

따뜻하고 즐거운 분위기의 노랑은 신맛과 달콤한 맛을 동시에 느끼게 하여 식욕을 촉진하며 시각적으로 음식의 맛을 향상시키는 역할을 한다. 특히 녹색을 약간 띤 노랑은 신맛을 강하게 느끼게 하여 과일 중 레몬을 연상시킨다.

● 주황

빨강보다 자극적이지 않지만 달콤한 맛과 부드러운 맛을 동시에 강하게 느끼게 하여 식욕을 촉진한다. 특히 조명도구가 백열등일 경우 더욱 미각을 자극한다.

● 빨강

순색 중에는 빨강이 가장 식욕을 돋워주는 색이다. 이런 이유로 실제 많은 레스토랑에서는 빨강을 주조색으로 사용하고 있다. 빨강은 감미롭고 달콤하며 잘 익었다는 느낌을 주지만, 어두운 빨강은 자주색과 비슷하기 때문에 식욕을 돋우지 못한다.

● 녹색

신선한 채소나 과일을 연상시키며 밝은 녹색은 신선함 때문에 상큼한 맛을 느끼게 한다. 그러나 어두운 녹색은 쓴맛을 느끼게 한다. 녹색이 노랑과 배색되면 신맛을, 갈색과 배색되면 텁텁하고 쓴맛을 연상시킨다.

● 보라

신비롭고 독특한 느낌이 있을 것 같지만 음식의 색으로는 포도나 블루베리같이 달콤한 맛이 연상되는 것이 아니라 쓴맛과 동시에 음식이 상한 느낌을 준다.

● 파랑

대개의 난색은 단맛의 느낌을 주는 반면 한색은 쓴맛의 느낌을 주므로, 파랑은 심미적인 아름다움을 가지고 있지만 어떤 음식에 쓰여도 좀처럼 식욕을 돋워주지 못한다.

● **핑크**

달콤한 맛을 느끼게 하는 색으로 단맛을 느끼게 하는 강도가 강하다.

● **갈색**

맛이 가장 강하며 향도 진한 색이다. 조리된 음식의 색을 나타내며 색이 진할수록 맛이 진하게 느껴진다.

● **흰색**

담백한 맛과 짠맛을 느끼게 한다. 흰색을 배경으로 음식을 담으면 음식의 색을 원색으로 반사시켜 식욕을 돋우는 역할을 한다. 특히 흰색은 깨끗하고 위생적인 느낌을 주므로 붉은 계통의 색과 더불어 많은 레스토랑에서 사용하고 있다.

● **검정**

고급스럽고 모던한 분위기를 연출할 수 있지만 음식에서는 쓴맛과 부패한 느낌을 주며 음식의 맛을 제대로 느낄 수 없게 만든다.

CHAPTER 04

식공간 연출과 식기

1. 테이블웨어(tableware)

식사를 할 때 사용되는 각종 그릇들을 총칭하는 말로, 차이나 china라고도 한다. 테이블웨어는 메뉴가 정해지면 코스별 메뉴에 맞게 가장 먼저 고려해야 하는 것으로 그 종류가 매우 다양하며, 테이블웨어를 만드는 재질과 형태에 따라 그 용도를 분류할 수 있다.

1) 테이블웨어의 발달과정

오래전부터 사람들은 다른 재료에 비해 가공이 쉽고 양적으로 풍부한 흙으로 용기를 만들어 생활의 도구로 이용해 왔으며, 정착생활을 했던 농경민에 의해 토기가 만들어지기 시작했다.

도기와 자기는 일찍부터 동양에서 서양으로 전해져 높은 신분을 나타내거나 부의 상징으로 사용되었으며, 장식품으로 전시해 놓기도 하였다.

오랫동안 중국인들만이 표면이 반투명한 자기의 소성법을 알고 있었기 때문에 중국의 자기는 유럽 사람들에게 동경의 대상이 되었다. 동양자기에 대한 선망과 자기를 통해 경제적인 성장을 이루기 위해 유럽인들은 자기 제품의 개발에 주력하게 되었다.

유럽에서는 지중해 마요르카섬 상인이 스페인의 도자기를 이탈리아로 반입하여 이를 마욜리카 maiolica 혹은 마졸리카 majolica라고 불렀는데, 이 마욜리카 기법은 16세기 이후 유럽 각지에 전해졌고 프랑스에서 카트린느 드 메디치에 의해 이러한 종류의 자기를 파이앙스 faience로 부른 것이 유럽의 마욜리카풍 도자기의 총칭이 되었다.

독일에서는 요한 프리드리히 뵈트커(J.F Bottger, 1682~1719)에 의해 유럽 최초의 자기가 개발되었으며, 그 비법이 유럽에 전파되었고 영국에서는 소나 양 등 동물의 뼈를 태운 재를 섞어 투광성을 높인 골회자기가 만들어졌는데, 이는 '본차이나 bone china' 라고 불리는 특수자기로서 매우 강하고 가벼워 도자 산업의 눈부신 발달을 이룰 수 있는 계기가 되었다.

19세기 식민지를 중심으로 유럽 식문화가 정착되었고 산업혁명으로 대량생산이 이루어지면서 점차 자기의 생산기법도 발달하였으며 각 나라 간의 교류에 의해 유럽의 식기가 전 세계로 보급됨에 따라 오늘날과 같은 식공간연출의 바탕이 되었다.

2) 테이블웨어의 종류

(1) 재질에 따른 분류

① 토기(clayware)

낮은 온도 즉, 600~800℃에서 구워진 것을 말한다. 대부분 유약을 바르지 않으며, 현재는 식기로 사용되지 않는다.

② 석기(stoneware)

돌 같은 무게와 촉감을 가진 도자기로 회색이나 밝은 갈색의 고운 점토를 약 1,000~1,200℃에서 구운 것을 말한다. 비교적 높은 온도에서 구웠기 때문에 물이 통과되지 않고 두드리면 선명한 소리가 난다. 굽는 동안 유리화되고, 밀도가 치밀해져 음식의 수분이나 기름기에 의해 변색되지 않는다. 유약을 바른 것과 유약을 바르지 않은 종류가 있다. 바탕이 불투명하고 다양한 색상을 가질 수 있으며, 구운 것을 만지면 보송보송하다.

③ 도기(질그릇, earthware)

찰흙에 자갈이나 모래를 섞어 반죽하여 약 600~900℃에서 구운 용기를 말한다. 착색이 쉬워 다양한 색과 무늬를 즐길 수 있으며 대부분 붉은색 혹은 갈색을 띠며, 유약을 칠하지 않은 것은 습기나 공기를 통과시킨다. 빛이 통과되지 않고 두드리면 둔탁한 소리가 난다.

④ 마욜리카와 파이앙스(majolica & faience)

질그릇의 범주에 속하는 것으로, 부드러운 점토로 만든다. 구울 때 단단해지기는 하나 부서지고 갈라지기 쉬워 일상적으로 사용하기에는 어려움이 있다. 실제 식기로 사용할 경우 음식의 기름기가 스며들어 얼룩이 생기고 변색되기 쉽다.

⑤ 크림웨어(creamware)

석기와 비슷한 구조를 가진 도자기로서, 마졸리카와 파이앙스보다 더 단단하고 내구성이 있다. 구울 때 밝은 크림색을 띠므로 크림웨어라 이름 붙였으며, 이가 빠져도 눈에 잘 띄지 않으나 음식의 기름기가 스며들어 변색되기 쉬우므로 주의해야 한다. 격식 있는 자리에서부터 약식 식사까지 모두 잘 어울리는 재질이다.

⑥ 본차이나(bone china)

카올린 kaolin 대신 황소나 가축의 뼈를 태운 재와 생석회질로 된 골회를 첨가시켜 만든 것으로 연한 우유색의 부드러운 광택이 난다. 약 1,260℃에서 구워지며, 골회를 많이 첨가할수록 질이 좋아진다. 소뼈의 재를 50% 이상 섞은 연질자기는 파인 본차이나 fine bone china라고 한다. 대개 고급품의 본차이나는 골회 50%, 고령토 30%, 장석 20%를 섞어 만든다.

⑦ 자기(porcelain)

카올리나이트 kaolinite를 주성분으로 하는 자기토 즉, 고령토(高嶺土)인 카올린으로 그릇을 빚어 약 1,300~1,400℃에서 딱딱하게 밀폐시켜 구운 것이다. 흡수성이 없으며 모든 도자기 중에서 가장 단단하고 실용적인 경질자기이다. 또한 이가 빠져 깨진 부분도 눈에 잘 띄지 않으며, 만져도 부드럽다. 투명감이 있으며 굽는 동안 고령토가 유기질로 변해 식기에 나이프 자국이 나지 않으며, 두드리면 맑은 소리가 난다.

⑧ 기타

칠기는 옻나무의 칠(漆)을 써서 가공 · 도장한 것으로 열에 강하고, 방부 · 방습성이 매우 뛰어나다.

은식기는 색이 변질되지 않게 잘 손질하면 우아하고 고급스러운 분위기를 연출할 수 있다. 은식기류 중 순은 sterling silver은 변색과 변질이 가장 쉽지만 보관을 잘하면 세팅 시 식탁을 돋보이게 해주는 역할을 한다. 은도금 silver plated은 한번 부식이 진행되면 복원이 안 되기 때문에 취급 시 주의를 기울여야 한다. 한편, 광택이 조금 떨어지나 손질이 간편하고 값이 저렴한 스테인리스스틸 stainless steel도 일반 가정에서 많이 사용하고 있다.

(2) 용도에 따른 분류

① 접시(plate)

19세기까지 접시의 크기는 아침, 점심, 저녁 등 식사하는 시간대에 의해서 결정되었으며, 19세기 중반까지 접시의 크기는 규격화되어 있었다. 경제 발전에 따라 중산층이 성장하면서 디저트, 과일 등을 담을 수 있는 다양한 크기의 접시들이 만들어지기 시작하였다.

접시는 일반적으로 라틴어의 디스커스 discus(원형모양)에서 유래한다. 볼보다 깊이가 얕은 것을 디쉬 dish라 하고, 디쉬보다 약간 깊이가 있는 유형은 플레이트 plate라고 한다.

접시는 그릇 밑받침용 또는 음식을 담아내거나 장식용으로 사용되는 등, 목적에 따라 그 쓰임이 다양하다. 서양에서는 주식을 담는 식기의 대표적인 테이블웨어로 사용되나, 우리나라에서는 주로 부식용 테이블웨어로 쓰이고 있다.

● 서비스 플레이트(service plate)

장식용 접시로 언더 플레이트 under plate라고도 하며 앉는 위치를 결정하기 위한 접시로 테이블에서 각각의 자리 중심에 놓인다.

레스토랑에서는 30cm 정도의 접시를 주로 사용하고 그 위에 첫 번째 음식(전채요리)을 위한 플레이트를 놓거나 서비스 플레이트를 치운 후, 음식을 담은 플레이트가 제공되기도 한다. 서비스 플레이트가 놓여 있는 동안 차례차례 운반되는 요리는 메인 요리가 아니며 서비스 플레이트와 전채요리용 플레이트가 함께 치워진 다음 나오는 요리가 메인 요리이다.

● 디너 플레이트(dinner plate)

메인 요리용 접시이다. 서비스 플레이트로도 사용되며 27cm 사이즈가 일반적이다. 최근엔 테이블의 크기에 따라 30cm, 25cm도 사용되고 있다.

● 디저트 플레이트(dessert plate)

샐러드와 디저트용이지만 라이스용으로도 사용되며, 21cm 사이즈가 일반적이다.

● 케이크 플레이트(cake plate)

케이크와 빵을 담는 플레이트로 18cm 사이즈가 일반적이다.

● 브레드 플레이트(bread plate)

빵을 담는 접시로 16cm 사이즈가 일반적이다. 음식을 덜어서 담는 접시로도 사용될 수 있다.

● 수프 플레이트(soup plate)

수프뿐만 아니라 카레와 스튜에도 사용할 수 있다. 19cm 사이즈가 일반적이다.

● 베리 플레이트(berry plate)

디저트용 과일을 담거나 샐러드 등 음식을 덜어서 담는 접시로 활용성이 가장 높은 접시이다. 사이즈는 14cm가 일반적이다.

● 플래터(platter)

핑거푸드, 샌드위치 등을 담는 접시로 파티에는 빠져서는 안 될 아이템이다. 사이즈는 30~41cm가 일반적이다.

② 볼(bowl)

식탁에서 사용하는 볼은 손잡이가 있는 것과 없는 것이 있다. 건더기가 적은 수프 등을 담는 데 사용하는 부이용bouillon 볼과 핑거finger볼 등이 있다.

③ 컵(cup)

컵은 자신의 손을 컵 모양으로 하여 음료수를 마실 때 밑으로 새는 불편을 없애기 위해 개발되었다. 초기의 찻잔은 크기가 작고 손잡이가 없어 잔의 가장자리를 손가락으로 잡아야 하는 불편한 형태였다. 18세기에 손잡이가 있는 찻잔이 있었지만 대부분 고가여서 부유한 사람들만 소유할 수 있었다. 컵의 크기는 처음에는 매우 작았으나 산업혁명에 의해 대량생산이 가능해지면서 손잡이 있는 찻잔을 일반적으로 사용하게 되었으며, 컵의 크기도 점차 커지게 되었다.

큰 컵과 머그는 뜨겁게 마시는 커피, 티, 찬 음료 등을 위한 것으로 약 3/4 정도만 채우고 받침이 없는 경우가 많다. 작은 컵은 에스프레소와 같이 농도가 짙은 음료를 내는 데 사용되며 반만 채운다.

④ 서비스 식기류

서비스 식기는 식사 시 대접하는 음식을 담는 것으로 서브를 위해 필요한 식기에는 볼, 샐러드 볼, 카라페 carafe(유리병), 트레이 tray, 튜린 tureen(수프냄비), 장식접시, 티 포트 tea pot, 물주전자, 서빙용 접시, 소금 · 후추통 등이 있다.

테이블웨어의 종류

3) 테이블웨어의 보관

테이블웨어는 유약의 종류, 장식의 종류, 금속 첨가의 유무, 세척방법 등에 따라 보관하는 방법이 달라진다. 세척 시 중성세제를 따뜻한 물에 풀어 부드러운 천이나 스펀지로 닦는다. 경질자기가 아닌 경우에는 물속에 오래 담가두면 수분을 흡수하여 깨지기 쉬우므로 빨리 씻어 말리도록 한다.

금속 장식이 있는 테이블웨어를 오븐이나 전자레인지에서 사용하게 되면 금속이 전파를 반사시켜 장식에 자국이 남거나 얼룩이 생길 수 있으므로 주의한다. 세척 시 손으로 닦아주는 것이 테이블웨어를 오랫동안 보관할 수 있는 방법이다.

테이블웨어를 쌓아서 보관할 경우 종이타월이나 천 등을 바닥 사이사이에 끼워서 보관해야 오랫동안 사용할 수 있다. 크기나 모양이 다른 테이블웨어를 쌓아두면 무게 때문에 깨질 수 있으므로 같은 크기나 모양의 테이블웨어를 보관하는 것이 좋으며, 플레이트의 경우는 선반 랙rack에 똑바로 세워서 보관한다.

컵은 테두리 부분이 가장 손상되기 쉬우므로, 고리로 된 훅hook에 손잡이 부분을 걸어서 보관하는 것이 좋다.

세계의 명품 식기

독일

마이센(Meissen)

1709년 유럽에서 최초로 중국의 자기 제조법을 밝혀낸 것이 마이센으로 280년간 수작업의 전통을 지키고 있는 독일의 명품이라고 할 수 있다. 푸른 빛깔의 쌍검은 마이센의 대표 문양으로 지금도 유럽 최고의 명품 브랜드로 각광을 받고 있다. 그중에서도 가장 큰 사랑을 받고 있는 작품은 '블루 어니언blue onion' 시리즈로 일본 도자기의 복숭아 혹은 석류 열매를 도안화한 것이지만 유럽인들에게는 양파처럼 보였기 때문에 블루 어니언이라는 이름이 붙게 되었다.

블루 어니언

후첸로이터(Hutschenreuther)

후첸로이터는 순백의 금이라 불리는 투명 도자기를 제작하는 유럽 최대 규모를 자랑하는 독일의 도자기 회사이다. 대표작품은 1930년대 이후 마이센의 타이처드로부터 생산 특허권을 넘겨받고 생산해온 쯔비벨무스터zwiebelmuster를 들 수 있다.

쯔비벨무스터

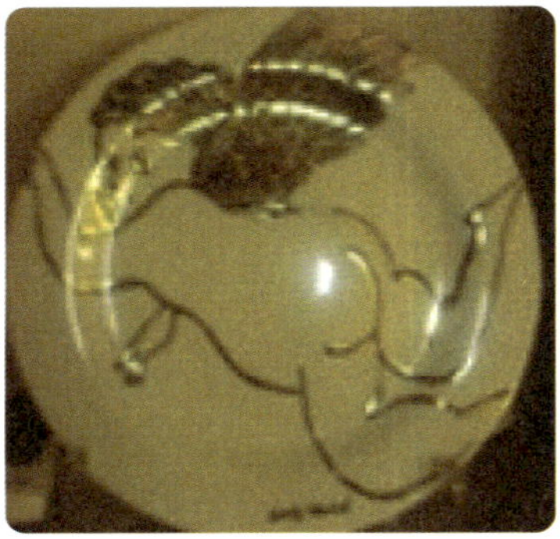

스튜디오라인(앤디워홀)

스튜디오라인(베르사체)

로젠탈(Rosenthal)

로젠탈은 1879년 독일 남부의 오버프랑켄 지역에서 필립 로젠탈 Philip Rosenthal에 의해 설립되었다. 실용성과 예술성을 절묘하게 결합하여 언제나 새롭게 변화를 모색하는 것이 특징으로 앤디워홀, 지아니 베르사체, 야스퍼 모리슨, 살바도르 발리 등 세계적인 아티스트와 디자이너들이 참가해 공동작업을 통해 한정본만을 발표한 로젠탈 스튜디오 라인이 유명하다.

빌레로이 & 보흐(Villeroy & Boch)

우아함의 바탕에 실용성이 가미되어 있는 독일의 명품 도자기 회사로 1748년에 설립되었다. 소박한 것에서부터 모던한 것까지 다양한 제품이 출시되고 있으며 특히 사치스러움보다는 소박한 정교함이 돋보이기 때문에 일상생활에도 잘 어울리는 명품 식기로 인식되고 있다.

영국

웨지우드(Wedgwood)

'크림 웨어 cream ware', '블랙 바살트 black basalt', '재스퍼 웨어 jasper ware' 등 수많은 명작을 탄생시킨 웨지우드는 1759년 조사이어 웨지우드 Josiah Wedgwood에 의해 창립된 이후로 실용성과 품위를 동시에 갖추고 있어 선풍적인 인기를 유지해오고 있다.

재스퍼 웨어

블랙 바살트

웨지우드를 더욱 빛나게 한 것은 소의 뼛가루와 중국산 점토를 원료로 하여 가벼우면서도 견고하고, 햇빛에 비추면 투명하게 보이는 우윳빛의 본차이나 제품이다.

로열 덜튼(Royal Doulton)

존 덜튼이 1815년에 창립한 로열 덜튼은 영국의 전통과 품위의 대명사로 일컬어져 온 테이블웨어의 명품으로 특히 무늬가 화려하지 않고 은은한 색조를 띠는 디너 세트가 호평을 받고 있다. 로열 덜튼은 여러 기법을 통해 견고하면서도 밀도가 높은 도자기를 생산하고 있다. 중국도자기의 영향을 받은 '캐세이 cathay'와 그 밖에 '캔돈', '카일라이' 등이 대표적인 작품이다. 현재 로열 덜튼 그룹은 '민튼 minton', 동물 모양의 도자기로 유명한 '존 베스윅John Beswic' 그리고 '패라곤 paragon'과 '로열 알버트 royal albert', '로열 크라운 더비 royal crown derby' 등 20여 개의 도자기 브랜드를 합병하여 소유하고 있다.

로열 크라운 더비

올드 컨트리 로즈

로열 알버트(Royal Albert)

1802년 토마스 윌리엄 와일드가 창립한 로열 알버트는 빅토리아 여왕의 손자인 알버트 조지 공의 이름에서 비롯되었다. 영국인이 사랑하는 꽃인 장미 프린트는 로열 알버트를 영국의 대표 브랜드로 성장시키는 데 한몫했다. 로열 알버트를 대표하는 우아한 디자인의 핵심은 둥글게 파인 홈과 부드럽게 떨어지는 곡선, 금도금의 마감처리 등이라 할 수 있다. 명품 브랜드 중에서 비교적 저렴한 가격대를 유지하고 있고 다소 파격적이라 할 수 있는 화려한 플라워 프린트를 주로 이용하고 있다. 대표적인 제품은 '올드 컨트리 로즈 old country rose' 가 있다.

하든홀

민튼(Minton)

1793년 프리랜서 디자이너인 토마스 민튼이 영국 요업의 중심지인 스토크 온 트렌트 Stoke-on-Trent에 창설한 유서 깊은 브랜드이다. 민튼은 대중적인 제품보다는 예술성을 추구하여 생산보다는 디자인에 중점을 두었다. 이후 민튼은 중국풍의 푸른 버드나무 무늬 도자기가 크게 인기를 끌면서 영국의 대표적인 도자기 브랜드로 성장하게 된다.

민튼의 도자기는 일본과 중국 도자기의 영향을 받은 동양적인 감각이 돋보이는 것이 특징이며 '슐즈베리 shrewsbury', '하든홀 haddon hall', '코도바 cordova' 등이 민튼의 대표적인 작품이다.

오처드 골드

앤슬리(Aynsley)

앤슬리는 존 앤슬리 John Aynsley에 의해 1775년에 세워진 영국의 도자기 브랜드로 다른 브랜드에서 볼 수 없는 회화적 요소들이 앤슬리의 모든 제품에서 발견된다. '가장 감성적인 도자기' 라 평가받는 앤슬리는 노랑 바탕에 핸드 페인팅으로 과일들을 그려 넣은 '오처드 골드 orchard gold' 가 유명하다.

스포드(Spode)

7세 때부터 도자기를 만들었다는 도자기 천재 조사이어 스포드 Josiah Spode에 의해 1770년 영국 스토크 온 트렌트 Stoke-on-Trent에서 창립되었다. 스포드는 동물의 뼈를 첨가해 가벼우면서도 단단하고 투명하게 비칠 정도로 얇은 본차이나 기법을 개발하였고, 또한 도기의 성질과 자기의 성질을 동시에 갖는 스톤웨어를 개발하였다.

블루버드

블루 이탈리안

스포드의 백색은 다른 어떤 브랜드보다 뛰어나다는 평가를 받고 있으며 '블루버드 bluebird', '블루 이탈리안 blue italian', '센터베리' 시리즈가 유명하다.

포트메리온(Portmeirion)

1960년 수전 윌리엄 엘리스 Susan Williams-Ellis와 그녀의 남편인 이언 쿠퍼 윌리스 Euan Cooper-Willis에 의해 탄생한 포트메리온은 웨일즈의 아름다운 마을 포트메리온에 있는 기프트숍에 들어갈 도자기를 만들면서 역사가 시작된다. 포트메리온의 가장 대표적인 라인으로 꽃과 각종 나비가 조화를 이루는 '보태닉 가든 botanic garden'과 양귀비꽃의 모양과 유사한 둥근 타입의 '포모나 pomona'이다.

보태닉 가든

포모나

프랑스

베르나르도(Bernardaud)

1863년 레옹 베르나르도 Leon Bernardaud가 프랑스의 작은 마을 리모주에 도자기 공장을 세우고 자기를 굽기 시작한 것이 베르나르도이다. 베르나르도는 프랑스적인 감각과 견고함으로 우아하면서도 과감한 디자인을 만들어내고 있는 것이 특징이다. 현재 베르나르도는 세계 일류호텔뿐 아니라 프랑스 대통령 관저, 영국 벨기에, 모로코 왕실 등을 고객으로 확보하고 있다.

크리스토플(Christofle)

세계 최고의 은제품 회사로 손꼽히는 크리스토플은 제품이 견고하고 아름다우며 도금의 색깔이 변하지 않는 명품으로 유명하다. 크리스토플은 금속에 금이나 은을 얇게 입혀 부식을 방지할 수 있게 한 전기도금 기술로 제품의 가격을 낮추고 순은 제품보다 더 세련된 디자인으로 중산층 사이에서 전폭적인 지지를 받게 된다. 이후 독일, 오스트리아, 헝가리, 러시아 왕실의 식기 공급업체가 됨으로써 그 위상을 확고히 하게 된다.

바카라(Baccarat)

1764년 프랑스 동부에 있는 바카라 마을에서 시작된 바카라는 세계 최고의 크리스털을 생산하는 브랜드로 잘 알려져 있다. 결점이 발견된 제품은 바로 깨뜨려 녹이는 것을 원칙으로 하며, 전체 제품의 40% 정도가 불합격 판정을 받을 만큼 엄격한 품질관리 과정을 거친다. 현재 우리나라를 비롯해 미국, 영국, 이탈리아, 일본 등 90개국에 수출하고 있다.

미국

레녹스(Lenox)

미국을 대표하는 도자기 브랜드 레녹스는 백악관에 납품되는 공식 브랜드로 잘 알려져 있다. 1906년에 창립된 레녹스는 유럽의 명품 도자기와 비교하면 비교적 짧은 역사를 가지고 있지만, 1918년 미국의 윌슨 대통령에게 인정받은 이후로 미국 대통령의 식기라는 타이틀에 힘입어 세계 브랜드 시장에 진출하였다. 레녹스를 상징하는 디자인은 '이터널 아이보리 앤 골드 eternal ivory and gold', ' 오텀 autumn', '오코란트 ocorant' 등으로 단순하면서도 고급

이터널 아이보리 앤 골드

오텀

홀리데이 플래티넘

스러운 이미지를 갖는 미국적인 디자인으로 널리 사랑받고 있다.

덴마크

로열 코펜하겐(Royal Copenhagen)

로열 코펜하겐은 200년이 넘도록 덴마크 왕가를 위한 도자기를 만들어온 고급 식기의 대명사로, 자연을 모티브로 하는 그림을 수작업으로 그려 넣음으로써 수공예의 극치라는 평가를 받을 정도로 아름답다.

플로라 다니카

블루 플루티드

로열 코펜하겐의 대표적인 시리즈는 '플로라 다니카 flora danica'와 '블루 플루티드 blue fluted'로 각 작품의 뒷면에는 트레이드마크와 상품번호, 그림을 담당한 페인터의 사인이 있다.

헝가리

헤렌드(Herend)

헤렌드는 창립자인 빈체 스팅글 Vince Stingl에 의해 1826년 오스트리아의 헤렌스에 설립되었다. 이후 1839년 모르피셔 Mõr Fischer에게 소유권이 이전되면서 헝가리 양식의 창조가 모색되었고, 헝가리가 공산권 국가가 되면서 국유화되었다.

헤렌드의 도자기 제작 방식은 작고 예리한 칼로 도자기를 오려내어 모양을 만드는 투각법과 은세공으로부터 아이디어를 얻어 점토를 실처럼 만들어 틀을 의지해서 형태를 짜 올라가는 망세공법으로, 다른 일반적인 도자기를 만드는 방법과 많은 차이가 있다. '인도의 꽃' 시리즈와 '로스 차일드 버드 rothschild bird' 중국풍의 디자인인 '검

은 니시야스' 시리즈가 유명하다.

일본

노리다케(Noridake)

1876년 일본의 이찌자몬 모리무라 Ichizaemon Morimura는 미국으로 도자기를 운송하는 회사인 모리무라쿠미를 설립해 뉴욕을 오가며 수출업에 종사하던 중 일본 도자기에 대한 미국인들의 관심에 고무되어 최상품의 도자기를 생산하는 도자기 공장을 설립하게 된다. 일본 최초로 백색자기와 커틀러리, 크리스털을 생산한 노리다케는 순금과 순백금 원료를 사용한 금색 라인을 플레이트에 두른 것이 가장 대표적인 디자인이며, 이를 위해 낙타의 머리털로 만든 솔을 이용하여 플레이트를 돌리며 세심하게 라인을 그리는 것으로 유명하다.

2. 글래스웨어(glassware)

서양 테이블에서 음료를 마시기 위해 주로 유리잔을 사용하기 때문에 글래스웨어라고 부른다.

1) 글래스웨어의 발달과정

기원전 3500년 페니키아 선원들에 의해 우연히 유리가 생산되어 로마에 유입되게 되었다. 그들은 지중해 주변 국가들과 교역할 때 교역품을 담는 용도로 유리 콘테이너를 사용했던 것으로 알려진다.

BC 50년에 유리를 부는 파이프가 발명되면서 유리 제조자는 이 파이프의 끝에서부터 액화된 유리를 불어서 부풀게 만들었고, 이 방법은 오늘날까지도 이용되고 있다.

서로마제국이 망한 후 유리의 독점생산이 끝나고 북유럽과 영국에서는 지역적 스타일이 발전하게 되었다.

유리 제조기술은 13세기 중반에 베네치아에서 발달했으나 유리공장에서 온종일 타고 있는 수많은 용광로는 시민들의 삶을 위협하였기에 정부는 도시 내에서의 용광로 작동을 금지시켰다. 이에 따라 유리공장들이 도시 외곽과 떨어진 섬인 무라노로 이동하여 그곳에서 비약적인 발달이 시작되었다. 14세기경 베네치아의 숙련공들은 흐릿하나 상대적으로 투명한 크리스탈로 cristallo를 발명하게 되고, 이로 말미암아 베네치아는 유리의 주요한 원산지가 되었다. 베네치아는 유리 제조업자들이 다른 나라로 이주할 경우 사형에 처했기 때문에 유리 제조기술의 비밀을 지켜가며 독점권을 유지하였으나 이를 피하여 네덜란드, 프랑스, 영국, 보헤미아, 오스트리아, 스페인, 독일 등으로 이주한 사람들을 통해 유리 제조기술이 널리 알려지게 되었다.

17세기에는 보헤미아에서 가성칼리 석회유리가 발명되었으며, 또한 영국은 납 크리스털을 발명하여 유리 역사에 큰 변화를 일으켰다. 베네치아의 크리스탈로는 값비싼 바릴라 barilla(소다)의 재와 지중해 주변에 위치한 바다로부터 수입된 알칼리를 띤 모래를 사용했기 때문에 북유럽에서는 값이 비쌌으며 구하기도 쉽지 않았다. 따라서 자원이 풍부한 보헤미아에서 유리산업이 발달하게 되었으며, 영국에서도 베네치아의 크리스탈로를 대신하기 위해 모래와 소다, 재 대신 납과 재를 사용한 플린트 글래스 flint glass(납유리)를 발견하게 되었다.

2) 글래스웨어의 종류

글래스류는 식사 중 제공되는 음료용 글래스와 식전 · 식후에 제공되는 음료용 글래스로 나누어진다. 글래스웨어는 텀블러 tumbler와 스템웨어 stemware에 속하는 고블릿 goblet, 레드와인 red wine, 화이트와인 white wine, 샴페인 글래스 champagne glass 등이 있다. 텀블러는 위 · 아래의 크기가 비슷한 것으로 주로 칵테일잔이나 음료수잔으로 사용된다. 그에 반해 손잡이가 가늘고 기다란 유리잔을 스템웨어라고 하는데 스템웨어 중 고블릿은 물과 맥주, 주스 등을 마실 때 사용한다. 레드와인은 공기와 접촉이 클수록 짙은 향을 즐길 수 있기 때문에 스템웨어 중에서도 큰 잔에 마시고 화이트와인은 차갑게 마시기 위해 레드와인 글래스보다 작은 잔에 마신다. 그에 비해 샴페인은 거품을 유지하기 위해 잔이 길고, 향이 빠져나가는 것을 막기 위해 입구가 좁은 글래스에 마시는 것이 특징이다. 브랜디 글래스 brandy glass 역시 향이 사라지지 않도록 입구를 더 좁게 한 것이 많지만, 체온으로 따뜻하게 하여 향을 더 강하게 느낄 수 있도록 몸체 부분을 넓게 만들었다는 차이점이 있다.

또 식탁용 유리 제품으로서 연대가 오래된 고급 적포도주의 쌓인 침전물을 제거하기 위해 사용하는 디캔터 decanter나 주로 물을 담는 용도로 사용되었던 피처 pitcher(물주전자) 등도 있다.

3) 글래스웨어의 보관

글래스웨어는 기름기 있는 손이나 행주가 닿게 되면 뿌옇게 변하므로 손질에 신경 써야 한다.

테이블에 세팅하기 전 미지근한 물로 다시 한 번 씻어서 행주로 닦으면 광택이 유지되며 사용 후에도 바로 닦아야 투명함을 유지할 수 있다.

중성세제를 푼 미지근한 물에 글래스 전용 브러시나 스펀지로 깨끗하게 닦고 미지근한 물로 헹구며 물기를 잘 빼야 한다.

세척 후에는 천을 깔아놓은 쟁반에 놓고 어느 정도 물기가 빠지면 글래스를 맨손으로 잡지 말고 마른행주를 씌워 그 부분을 잡아서 닦아야 지문이나 얼룩이 생기지 않고 투명하게 유지된다.

글래스웨어의 종류

3. 커틀러리(cutlery)

커틀러리는 식탁에서 음식을 먹기 위해 사용하는 수저와 같은 개념으로 나이프, 스푼, 포크 등의 도물류, 금물류의 총칭이다. 플랫웨어 flatware라 하며 순은과 도금 제품은 실버웨어 silverware라고 부르기도 한다. 커틀러리는 보통 4인용 기준 20피스가 한 세트로 판매된다.

1) 커틀러리의 발달과정

(1) 스푼

스푼은 인류 역사상 최초의 식사도구로 조개나 굴의 껍데기 등을 이용하다가 타원형 등의 접시에 손을 적시지 않고, 음식을 떠먹기 위해 손잡이가 달린 형태로 변화했다. 또한 불의 발견으로 조리도구의 필요성이 대두되면서 스푼은 뜨거운 음식을 젓거나 먹기 위해 사용되었다.

초기에 스푼은 여럿이 먹는 수프 그릇에 공동으로 사용하는 스푼이었다. 그러나 수프에 여럿이 사용한 스푼을 넣어 먹는 것을 꺼려하는 사람들이 생기면서 점차 각 개인에게 스푼을 제공하거나 스푼을 개개인이 직접 가지고 와서 먹는 형태로 발전하였다.

(2) 나이프

초기의 나이프 사용은 개인의 식사를 위한 것이기보다는 조리용 도구의 성격이 강했으며, 무기나 연장 등의 역할을 해주는 다목적 용도였다.

중세에는 격식을 갖춘 자리에서 양손에 나이프를 하나씩 들고 한 손은 고기를 고정시키고, 다른 한 손은 고기를 한입 크기로 썰어 나이프 끝으로 찍어 먹었다. 그러나 포크의 등장으로 점차 고기를 자르는 용도 외에는 특별한 기능을 못했던 한쪽의 나이프는 사용하지 않게 되었으며 나이프의 날이 뾰족한 형태에서 둥근 형태로 바뀌면서 무기로 남용될 수 있는 위험도 감소했다.

(3) 포크

포크의 원조는 건초 등을 끌어올리는 용도의 도구로 두 개의 갈래로 만든 것이었다. 그리스, 로마 시대에도 포크가 있었으나 식사를 위한 것이 아니라 불을 사용할 때 사용되던 조리용 도구로서의 포크였다.

초기 두 갈래 two-pronged 포크는 주방에서 고기를 고정시켜 썰거나 담기에 편리했기 때문에 현재까지 그 형태를 유지하고 있다. 식탁용 포크 역시 초기에는 두 갈래 모양이었으나 식탁에서 사용했을 때 불편함을 없애기 위해 17세기부터는 포크의 갈래가 주방용 포크보다 가늘고 짧아졌다. 이후 17세기 말에서 18세기 중엽에 부드러운 음식을 뜨기 위해 포크의 측면이 약간 휜 모양으로 변화하였고, 결국 갈래 하나를 더 붙이게 되었다.

18세기 초에 이미 독일에서는 현재와 같은 네 갈래 포크가 사용되었으며, 19세기 말 영국에서도 네 갈래의 디너 포크 four-pronged dinner fork가 사용되었다.

2) 커틀러리의 종류

(1) 은과 은도금(silver, silver plated)

실버웨어 silver ware라고 한다. 은은 금속재료 중 열과 전기의 최고의 양도체로 차거나 뜨거운 음식을 먹기 위한 커틀러리 제조용 금속으로서 최상의 재질이다. 은제품의 커틀러리는 소수의 계층만이 향유할 수 있는 특권이었고, 최고급품으로 취급되었다.

(2) 금도금 은(vermeil)과 금 전기도금(gold electroplate)

금도금 은은 은제품에 비해 무게가 가볍고, 견고하며 색의 변색이 잘 일어나지 않는 장점을 가지고 있다.

금 전기도금은 쉽게 변색되지 않고 오염에 저항력이 높아 실용적이다.

(3) 스테인리스스틸 (stainless steel)

스테인리스 stainless란 '기타의 금속에 비해 얼룩 stains이 적게 든다 less'라는 뜻으로, 이 금속은 견고하고 광택이 있으며 녹슬지 않는 것이 장점이다. 그래서 과일이나 채소, 유기화학물질로부터 나오는 산과 오염에 강하고 내열성이 있으며 영구적이다.

(4) 기타

나무와 동물의 뿔, 플라스틱, 퓨터 pewter(주석과 납의 합금) 등의 다양한 재질로 커틀러리를 제작한다.

테이블스푼, 테이블나이프, 테이블포크

생선용 나이프, 생선용 포크

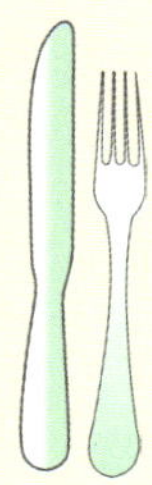
오더블 나이프, 오더블 포크

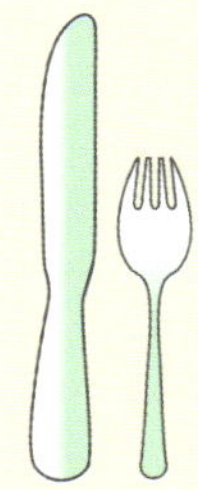
디저트 나이프, 디저트 포크

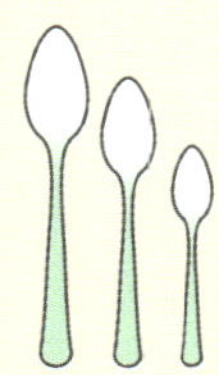
티 스푼, 커피 스푼, 데미타스 스푼

파이 서버, 케이크 서버

3) 커틀러리의 보관

순은, 은도금한 것들은 변색이 쉬우나, 금도금의 은, 금도금, 스테인리스스틸, 백랍 제품들은 쉽게 변하지 않으므로 보관이 더 쉬운 편이다.

커틀러리는 더운 공기, 먼지, 햇빛에 의해서 변색이 일어날 수 있기 때문에 주의하도록 한다. 특히 은제품은 변색 방지용 가방이나 천을 사용하는 것이 좋다. 또한 표백제를 함유하지 않은 세제가 적당하다.

은과 스테인리스스틸을 함께 세척하는 것은 피하고, 은은 쉽게 자국이 생기거나 긁힐 수 있기 때문에 세로방향으로 길게 닦아주는 것이 좋다.

4. 테이블리넨(table linen)

'리넨' 이라고 하면 소재로는 고급 마직을 뜻하나, 넓은 의미로 서양에서는 식탁에 사용되는 모든 직물을 총칭한다. 즉, 식사할 때 사용되는 각종 천류를 가리키는 말로 언더클로스 under cloth, 테이블클로스 table cloth, 플레이스매트 place mate, 냅킨 napkin, 러너 runner, 도일리 doily 등이 있다.

1) 테이블리넨의 발달과정

로마시대에 음식물을 손으로 집어먹어 더러워진 손을 천에 닦기 위해 냅킨이 등장했으며 사람들은 천을 냅킨, 시트, 수건 등의 다용도로 사용했다. 고대 로마에서 사용되었던 냅킨은 주머니 크기의 천인 수다리아 sudaria와 큰 사이즈의 마파 mappa, 두 종류로 알려져 있다. 수다리아는 따뜻한 지중해의 기후에서 식사하는 동안 이마의 땀을 닦기 위해 사용되었고, 맙파는 그 당시 비스듬히 누워서 먹는 습관 때문에 음식으로부터 옷 등을 깨끗하게 유지하기 위해 주로 사용한 큰 사이즈의 천이었으며 입을 닦는 데도 사용했다.

중세 초에는 냅킨을 사용하지 않고 손등, 옷, 빵조각 등을 이용하여 손과 입을 닦았으며 중세 이후 주인의 자리 앞에 세로로 놓인 카우치 couch, 존경하는 손님을 위한 표시의 수단으로 긴 수건을 카우치 위에 놓은 수나프 sous-nappe, 식탁의 끝부분에 장식용 천처럼 걸리는 공동 냅킨 communal napkin의 세 가지 형태로 사용하였다. 18세기에 모든 사회계층에서 포크를 사용하게 되어 손이 더러워지지 않게 되자 리넨은 단순히 손을 닦는 용도에서 벗어나 식탁을 꾸미는 용도로 사용되었으며, 점차 냅킨의 크기도 작아지게 되었다. 19세기에 들어와 테이블 세팅 스타일이 확립되면서 본래 냅킨의 용도로 사용되고 있으며 현재 다양한 재질과 형태, 크기로 만들어지고 있다.

2) 리넨의 종류

(1) 언더클로스(under cloth)

언더클로스는 전체 세팅에 안정감을 줄 수 있도록 테이블클로스 아래에 먼저 까는 클로스로 식기의 미끄럼을 방지하고, 식기류를 내려놓을 때 소음을 흡수하여 소리가 나지 않도록 해주기 때문에 사일런트 클로스 silent cloth 라고도 한다. 언더클로스의 소재로 올이 치밀하고 양면에 무늬가 드러나게 짠 두꺼운 직물이 고급이다. 언더클로스를 깔 때에는 테이블클로스를 깔았을 때 실루엣이 뚜렷할 수 있도록 반듯하게 깔고 사용하지 않는 타월이나 천, 시트를 이용해도 무방하다.

(2) 테이블클로스(table cloth)

테이블클로스는 '테이블 세팅'에서 언더클로스 위에 깔아 전체적인 식탁 분위기의 색과 재질감을 표현해주는 중요한 역할을 하며 색상 · 무늬 · 디자인에 따라 다양한 분위기의 연출이 가능하다. 테이블클로스의 소재로 마, 견 등은 포멀 formal 디너에 사용되고 견, 면 등은 세미포멀 semi-formal, 면이나 폴리에스테르, 옥사블 및 비닐 등은 캐주얼한 분위기에 주로 사용된다.

(3) 플레이스매트(place mate)

플레이스매트는 테이블웨어를 많이 사용한 식탁에서는 일반적으로 사용하지 않는다. 주로 캐주얼 스타일의 분위기를 연출할 때 이용하며 천 외에 도기, 석판, 거울, 대나무 등 다양한 소재를 이용할 수 있다. 천 소재의 플레이스매트는 세탁이 편리하고 견고한 것이 좋으며, 무늬가 지나치게 많거나 강한 색상은 쉽게 싫증날 수 있으므로 주의한다. 원칙적으로는 테이블클로스와 플레이스매트를 함께 사용하지 않지만 요즈음은 색다른 분위기를 위해 같이 사용하는 경우도 있다.

(4) 탑클로스(top cloth)

탑클로스는 클로스를 깐 후 색과 무늬가 있는 클로스를 위에 한 장 더 깔아 코디네이트한 것으로 가로×세로(100×100cm) 정방형이 일반적인 크기이다. 테이블 네 모퉁이가 나오도록 아래의 클로스에 대해 대각선으로 깔아 장식하는 것이 효과적이다.

(5) 냅킨(napkin)

여러 형태로 접어 테이블 위를 장식하는데, 식사가 시작되면 옷의 더러움을 방지하기 위해 펼쳐서 각자의 무릎 위에 놓고 식사를 한다. 이 외에도 샴페인 주위를 감싸거나 와인을 따를 때 병 입구로 흘러내리는 와인 방울을 닦아내기 위해 사용되며, 서비스 트레이 service tray 아래 깔아 사용되기도 한다.

냅킨은 손이나 입에 묻은 음식을 닦고 음식물이 옷에 묻지 않도록 해주는 역할을 하기 때문에 주로 천연소재를 이용한다. 기능적인 역할과 동시에 장식적인 역할도 하며, 접는 방법에 따라 분위기가 매우 다르게 느껴진다. 식탁의 전체적인 조화를 위해 냅킨의 소재와 컬러는 테이블클로스를 고려하여 선택하는 것이 좋다. 냅킨의 위치는 본인의 왼쪽 또는 상단이나 접시 위에 놓으며, 오른쪽에 냅킨을 놓는 것은 예의에 어긋난다.

냅킨은 대부분 정사각형 모양으로 정찬용 냅킨은 주로 가로×세로의 크기가 약 50×50, 60×60cm이고, 일상생활용 냅킨은 주로 45×45cm, 티타임용 냅킨은 30×30, 25×25cm이며, 칵테일용 냅킨은 22.5×22.5, 20×20cm 등이며, 이 외에도 다양한 사이즈로 사용되고 있다.

(6) 테이블러너(table runner)

테이블러너는 테이블클로스의 윗면이나 아무것도 없는 식탁 위를 가로지르는 좁고 긴 원단이다. 15세기경 테이블클로스가 더러워지는 것을 방지하기 위해서 같은 원단으로 만들어 사용했고, 19세기에는 테이블클로스 대용으로 사용되기도 하였다. 보통 테이블클로스보다 테이블 밑으로 길게 늘어지는 것이 아름답게 보인다. 무늬가 있는 테이블클로스에는 깔끔한 러너를 사

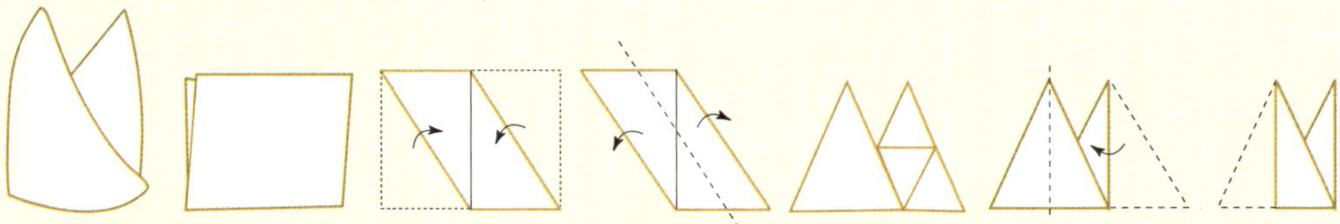

Crown ① 반으로 접는다. ② 뒤로 돌려 반을 접는다.

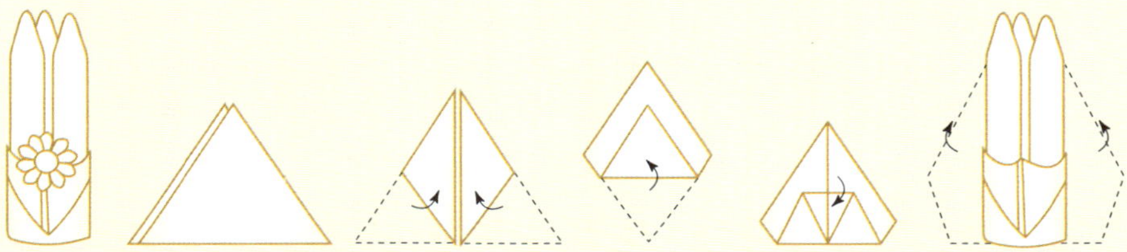

Bishop's hat ① 삼각형으로 반을 접는다. ② 윗부분 3cm 정도 남겨서 접어준다. ③ 양쪽 끝을 뒤로 돌려 원기둥 형이 되도록 한다.

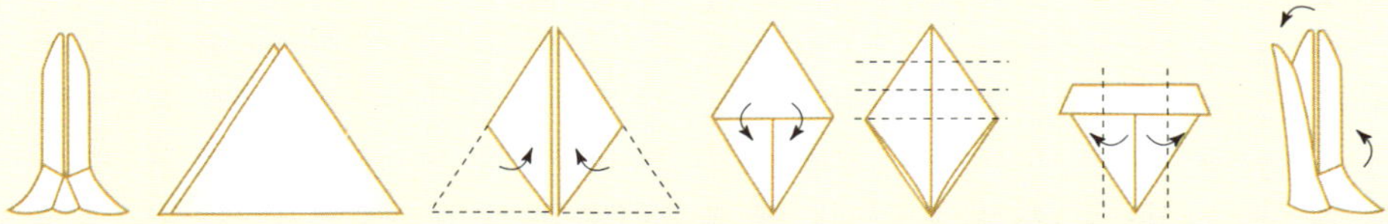

King's robe ① 삼각형이 되도록 반을 접는다. ② 접어 올린 양쪽 끝부분을 반만 접어 내려준다. ③ 윗부분을 삼등분 하여 접고 접은 폭 만큼 겹치도록 해준다. ④ 양쪽 날개를 내려준다.

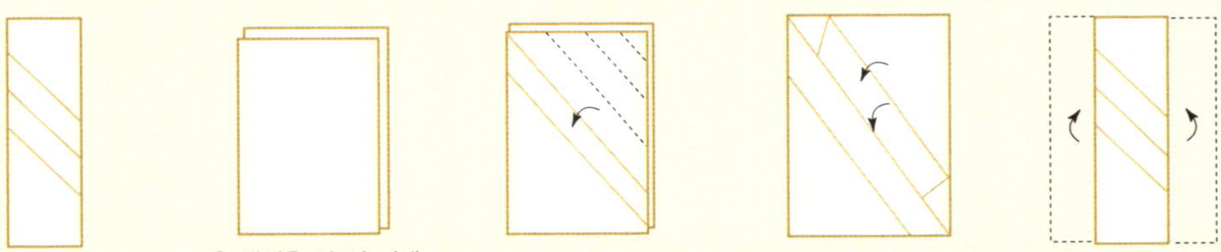

Pocket
* 한식 상차림에 잘 어울림

① 냅킨을 1/4이 되게 접는다. ② 냅킨 한 겹을 4번 접어준다. ③ 다음 겹을 반으로 접어 먼저 접은 겹의 뒤로 넣는다. ④ 양쪽을 접어 뒤로 넘긴다.

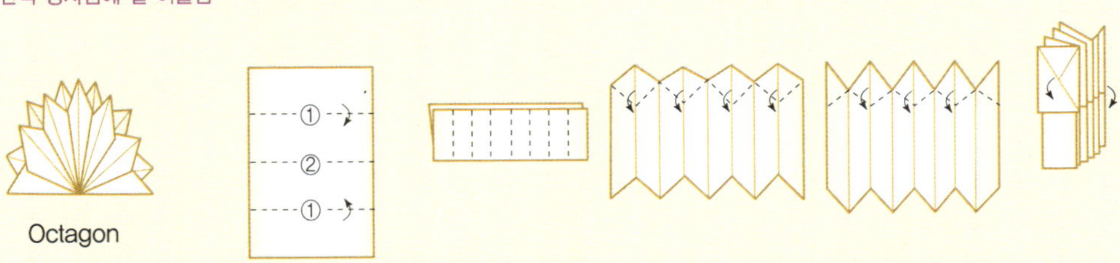

Octagon

① 냅킨을 1/4이 되게 접는다. ② 간격을 일정하게 하여 부채살 모양으로 접는다. ③ 양쪽의 모서리 부분을 90℃ 각도로 당겨준다.

냅킨 접기

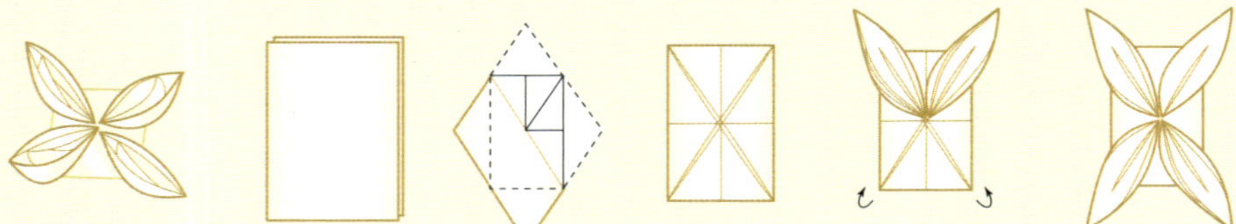

Flower

① 냅킨을 다 핀 상태에서 모서리 부분을 안으로 접어준다.
② 접은 후 뒤집어서 다시 같은 방법으로 접어준다.
③ 뒤쪽의 냅킨을 모두 앞으로 당겨서 올려준다.
④ 중심에 꽃을 놓는다.

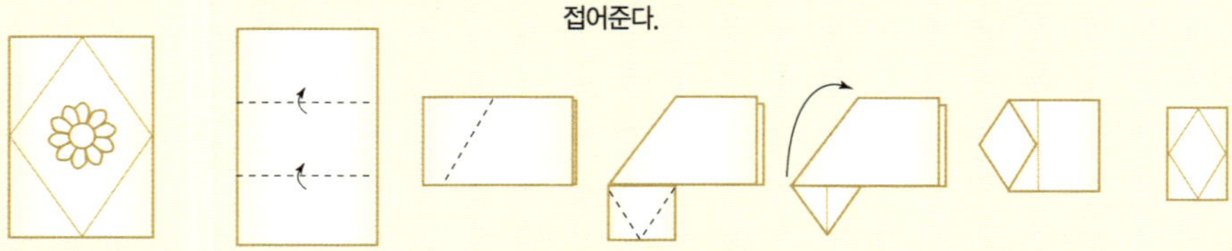

The diamond

* 일본식(빨간 꽃 놓으면 일장기 연상)

① 삼등분해서 접는다. ② 한쪽을 접어 내린다. ③ 접어 내린 천의 양쪽을 접는다. ④ 접은 쪽이 안이 되도록 접어 올린다.

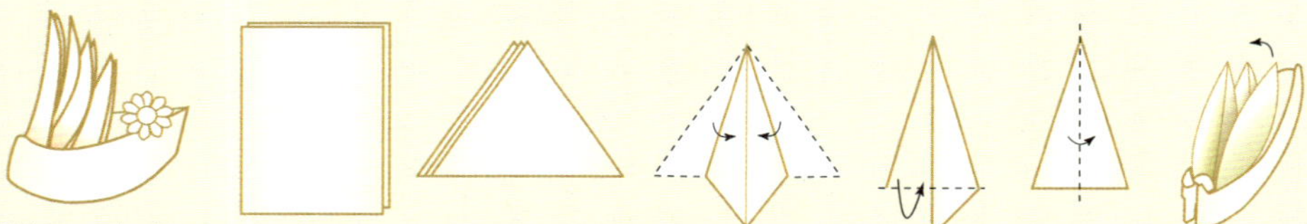

Chinese Junk

① 1/4이 되도록 접은 다음 삼각형이 되도록 다시 접어준다.
② 양쪽 끝을 중심에 맞춰 접는다.
③ 양쪽 끝 부분을 뒤로 넘긴 다음 반으로 접어준다.
④ 안쪽의 겹쳐진 겹들을 위로 잡아 당겨 준다.

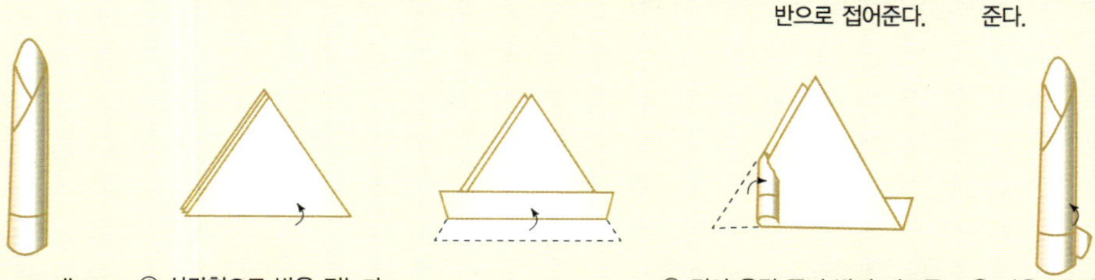

The candle

① 삼각형으로 반을 접는다.
② 접어 올린 쪽이 밖이 되도록 하여 냅킨을 돌돌 말아준다.
③ 남은 부분은 단 끝에 접어 넣는다.

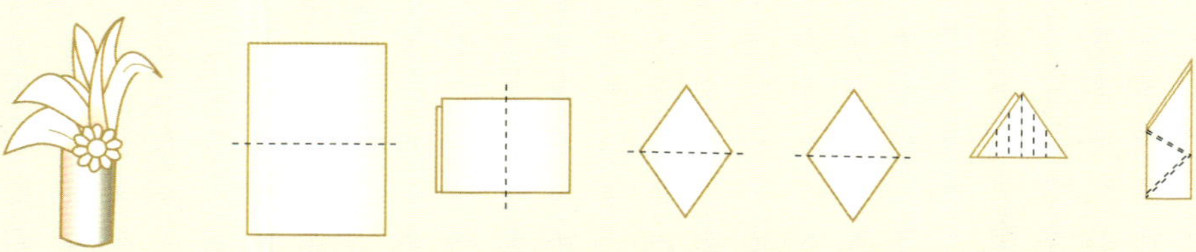

The flame

① 반을 접는다. ② 다시 반을 접어준다. ③ 아래 천을 두 장씩 양쪽으로 접어 올린다.

용하고, 무늬가 없는 테이블클로스에는 개성 있는 러너를 사용하면 조화로운 분위기를 나타낼 수 있다. 테이블클로스보다는 취급하기가 쉽고, 플레이스매트보다는 더 장식적이라 할 수 있다.

(7) 브릿지러너(bridge runner)

테이블의 폭이 좁은 방향으로 까는 러너이다. 폭은 40~50cm, 길이는 120~125cm 크기로 테이블에 좌 · 우 두 개를 까는 것이 일반적이다. 그 사이에 꽃과 식기 등을 놓는다. 손쉽게 사용할 수 있으며 테이블매트보다 기능적인 면에서 엘레강스한 분위기를 연출할 수 있다.

(8) 도일리(doily)

도일리는 식기의 마찰이나 소음, 흠집을 막고 음식의 표현력을 살리기 위해 사용한다. 원형직물이나 레이스 자수로 만들며 도기나 칠기 등의 위에 도일리를 놓는다.

3) 리넨의 소재

최근에는 세탁이나 다림질의 간편함을 우선으로 한 화학섬유 혼방제품과 방수가공을 한 제품이 일반 가정에서 주로 사용되고 있다.

● 마

고급 호텔과 레스토랑에서 주로 사용되고 있다. 천연섬유 중 가장 강하고 늘어남이 적으며 튼튼하고 세탁에도 강하다. 아름답고 광택이 있으며 사용함에 따라 부드러움이 증가한다. 면과 견에 비하여 흡습성이 우수하지만 주름이 생기기 쉽다.

● 면

부드럽고 열에 강하며 고온으로 다림질해야 주름을 펼 수 있다. 주름이 잘 생기며 세탁할 때 줄어드는 경우가 있다. 다른 소재에 비해 염색성이 좋다.

● 폴리에스테르

관리가 쉬워 호텔과 레스토랑 등에서 많이 사용되고 있다. 열에 강하며 주름이 잘 생기지 않아 형태가 망가지지 않는다. 성질이 천연섬유에 가깝고 탄력성이 있다.

● 레이온

화학섬유 중에서 가장 흡수성이 좋으며 염색성도 좋고 광택이 있다. 그러나 마찰에 약하고 물에 세탁하면 줄어들기 쉽다.

4) 리넨의 보관

리넨은 손질과 보관에 따라 수명이 달라지기 때문에 손질만 잘하면 오래 사용할 수 있다. 세탁 시 천에 따라 변색될 수 있으므로 일부만 세탁해 본 후 전체 세탁을 한다. 물에 세탁해도 되는 천은 세제를 녹인 물에 담가두면 얼룩 등 이물질이 쉽게 빠지고 세탁 후 완전히 마르기 전에 주름을 펴서 말리면 다림질이 쉬워진다. 주름이 많이 생기는 것을 피하기 위해 테이블클로스와 같은 길이의 원통 모양의 막대에 말아서 보관하면 재사용이 편하다. 리넨류를 비닐봉지에 보관하게 되면 습기가 빠져나가지 못해 변색될 수 있으므로 주의한다. 자주 사용하지 않는 리넨을 장기간 보관해야 할 때는 세탁한 후에 다림질을 하지 않아야 주름지는 것을 막을 수 있다.

5. 센터피스(centerpiece)

분위기를 완성하기 위하여 테이블의 공유 식공간 public space에 놓는 장식물을 센터피스 centerpiece라고 하며, 계절감과 테이블 콘셉트를 표현하는 역할을 한다. 센터피스는 전체의 이미지를 만들어주고 테마와 스타일을 표현해주며 식사와 전혀 관련되지 않는 장식품을 사용할 수도 있다. 센터피스로 꽃을 사용하여 친근함과 환대의 의미를 나타내고, 과일을 사용하여 계절감을 나타내기도 한다.

1) 센터피스의 발달과정

센터피스의 역사는 오래되지 않는다. 역사적으로 유럽에서 부와 권력을 자랑하기 위해 테이블 위에 고급 은제품이나 도자기로 된 호화로운 장식을 놓았던 것이 오늘날 센터피스의 기원이다. 러시아에서는 식습관에 따라서 테이블 중앙 공간에 귀중한 향신료나 조미료 등을 장식함으로써 재력을 과시하였다. 당시 귀한 향신료인 소금, 후추, 설탕 등을 병이나 그릇에 담아 중앙 공간에 놓았고 포도, 오렌지 같은 과일을 그릇에 담아 장식했다. 그 외에도 사기로 만든 동물모양의 인형이나 새 등의 소품으로 식탁을 장식하기도 하였다.

2) 센터피스의 종류

꽃과 캔들 candle, 캔들 스탠드 candle stand가 대표적으로 많이 사용되고 있다. 그 외에도 네프 nef, 솔트 셀러 salt cellar와 솔트 셰이커 salt shaker, 페퍼밀 pepper mill, 그리고 여러 작은 소품을 사용할 수 있다.

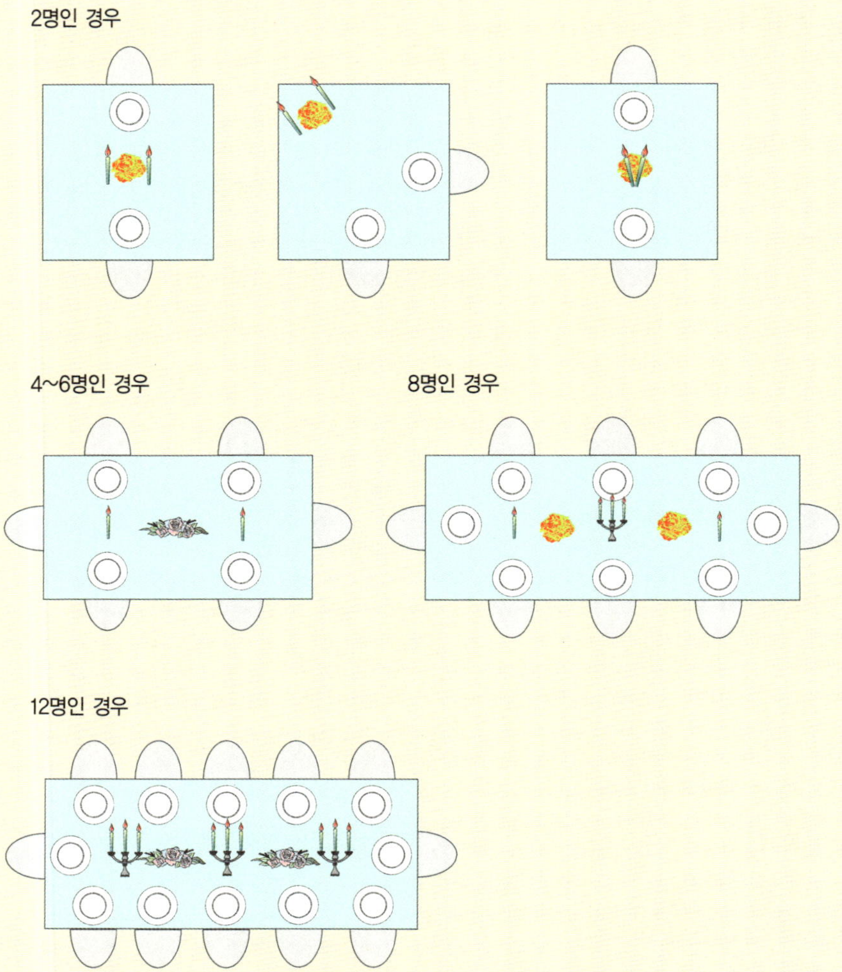

센터피스의 위치

(1) 네프(nef)

네프 nef는 14세기경 궁에서 처음 사용한 선박 모양의 용기로 이 네프가 놓인 장소를 경계로 상석, 하석을 나누기도 했다. 당시에는 소금이나 향신료를 담는 통으로 사용됐으며 그 후 자물쇠를 채워 왕후나 귀족들이 사용할 커틀러리를 넣어두거나 간단한 냅킨을 넣는 등 그 사용방법도 변화되었다.

17세기 이후에는 본래의 성격에서 벗어나 최고권력의 자리를 상징하는 장식품으로 사용되었고, 나폴레옹 1세 시대(1804~1815)에 이르러 네프의 호화로움과 장식적인 요소는 절정에 달하게 되었다.

네프
출처:www.silvercollection.it/dictionarynef.html

(2) 솔트 셀러(salt cellar)와 솔트 셰이커(salt shaker)

솔트 셰이커는 솔트 셀러에서 소금이 눅눅해지는 것을 막기 위해 만든 것으로 격식 있는 식사에서는 보통 사용하지 않는 것을 원칙으로 한다.

대부분의 사람은 후추보다 소금을 더 많이 사용하므로 페퍼 셰이커보다 오른손에 더 가까운 위치에 놓도록 한다.

(3) 페퍼밀(pepper mill)

페퍼밀은 후추를 갈아주는 것으로 식사의 격식에 따라 알맞은 재질의 용기를 선택하여 사용하도록 한다. 솔트 셰이커와 페퍼 셰이커는 보통 같이 세팅하지만, 페퍼밀은 단독으로 세팅한다.

(4) 캔들(candle)

식탁에서의 캔들 candle은 서구에서 온 문화로 최근 우리의 삶에 위화감 없이 스며들어 온 것이다. 캔들 candle은 불길, 불길의 흔들림, 색, 존재가 발하는 매력, 평안함으로 맞이하는 손님들에게 친근함을 표현하고 단란한 시간을 제공해준다. 2인용 테이블의 경우 캔들 candle의 위치는 테이블 중앙에 위치하나 요리가 많으면 사이드로 이동된다. 그러나 3인 이상의 테이블의 경우 중앙에 두는 것이 바람직하다. 캔들 연출 시 테이블 바로 위의 조명은 꺼두면 캔들의 빛이 더 아름답게 연출된다. 테이블에 사용하는 캔들의 개수는 제한이 없으나 TPO에 주의하여 선택한다. 예를 들어 만찬 진행시간이 3시간 정도로 예상된다면 3시간 이상 불꽃을 유지할 수 있는 초를 준비해야 한다.

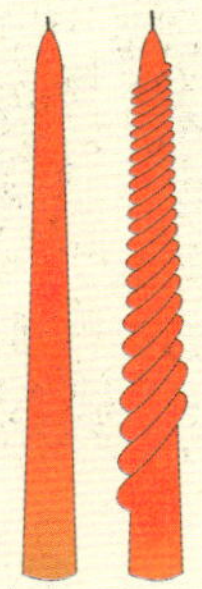
나선 모양의 캔들

라운드 캔들

① 캔들의 종류

● 나선 모양의 캔들

캔들 스탠드가 필요하며 꽃과 함께 오아시스에 꽂아서 사용하기도 한다.

● 라운드 캔들

원주형의 형태로 두께와 길이가 다양하다. 타지 않는 물건 위에 놓고 사용한다.

플로팅 캔들

● 플로팅 캔들(floating candle)

물보다 가벼운 캔들의 특징을 이용하여 물 위에서 밸런스를 갖도록 제작한 것이다. 유리와 세라믹, 금속 등 타지 않는 용기에 물을 넣어 사용한다.

② 캔들의 사용방법

캔들 스너퍼(candle snuffer)

- 식사 중 녹아 없어지지 않도록 식사시간을 예상하여 촛불이 유지되는 시간이 식사시간보다 오래 지속될 수 있는 캔들을 선택한다.
- 간접조명을 이용하는 공간에서 테이블 위에 캔들을 놓으면 한층 더 아름다운 식공간을 연출할 수 있다.
- 식사가 끝나면 캔들 스너퍼 candle snuffer를 사용하여 촛불을 끄도록 한다. 불어서 끄는 경우 심 주위에 있는 촛농이 날리지 않도록 주의한다.
- 리넨 등에 촛농이 떨어지면 타월이나 신문을 떨어진 촛농 위에 대고 다림질하여 제거한다.
- 캔들 주위에는 타는 물건을 놓지 않는다.

(5) 꽃

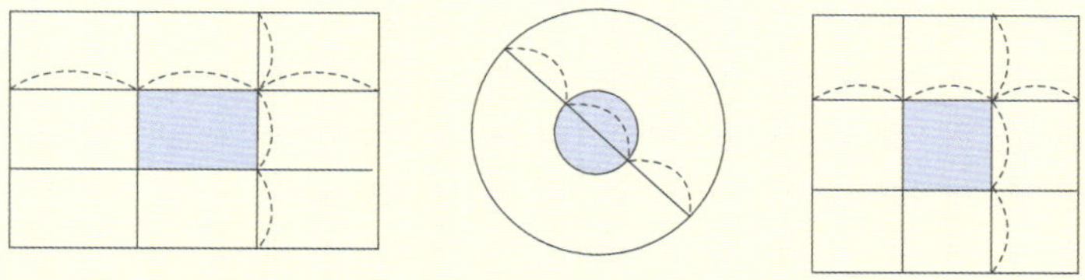

테이블별 꽃 사이즈 결정 방법

식공간연출에서 꽃은 반드시 사용해야 하는 아이템은 아니지만 계절감을 표현하거나 활기를 전하거나 또는 꽃의 색에 맞추어 테이블클로스 table cloth나 식기를 선택할 때 도움이 되는 경우가 많다. 작은 테이블에 큰 꽃은 식사에 방해가 되고, 큰 테이블에 작은 꽃은 밸런스가 좋지 않다. 테이블 꽃 사이즈의 결정방법은 테이블 가로 폭의 1/3, 세로 폭의 1/3이 좋으며 높이는 25~30cm 정도가 적당하다. 기본적으로 테이블 꽃을 놓는 방법은 앞에 있는 상대의 얼굴이 보여야 하고, 식사하는 데 방해가 되지 않아야 하며, 식탁의 분위기를 좋게 끌어올릴 수 있어야 한다. 따라서 천장이 높고 공간이 넓은 장소에서의 테이블 꽃은 화병의 형태를 가늘고 길게 하여 시선보다 위에 꽃이 오도록 꽂는 것이 좋다.

① 꽃의 어레인지먼트 형태

● 수평형

수평에 가깝게 가로로 뻗은 라인을 강조한 디자인이다. 중앙 부분을 장식하고 좌우 양단에 원만한 커브를 그린 아름다운 형태이다.

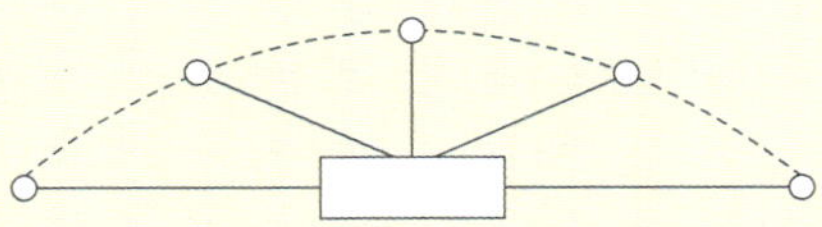

정면

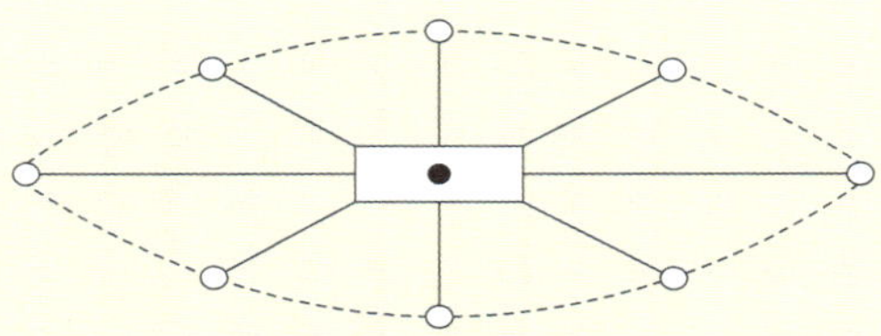

평면

● 돔형

둥그렇게 하여 반구형으로 꽃을 꽂는다. 테이블 꽃의 기본이 되는 형태이다.

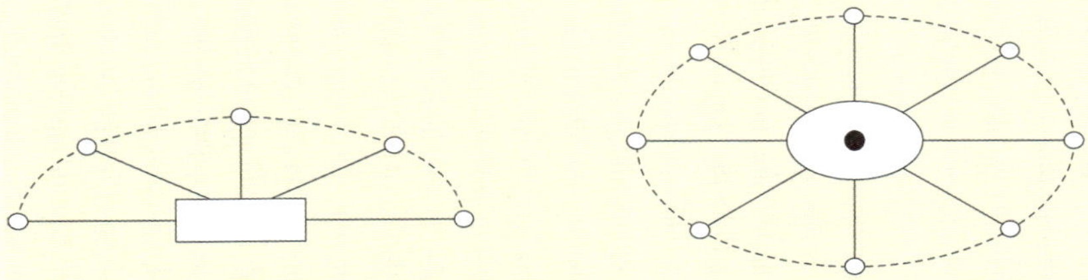

정면 평면

● 토피어리 topiary 장식형

본래 유럽의 정원이나 궁전에서 볼 수 있는 형태로 장식적으로 가지를 손질한 방법이다. 천장이 높고 넓은 장소의 공간에서 연출한다.

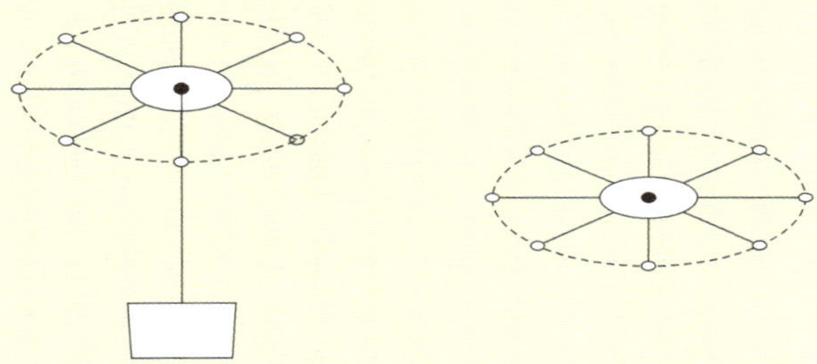

정면 평면

② TPO를 고려한 꽃 선택

식공간연출 시 봄부터 여름은 흰색의 꽃을 많이 사용하고, 가을부터 겨울까지는 흰색 꽃의 분량을 적게 한다. 계절감을 표현하기 위해 그 계절에만 얻을 수 있는 꽃과 계절 이미지가 강한 꽃을 사용한다.

테이블 꽃으로 피해야 할 꽃은 슬픈 날의 꽃과 향이 강한 꽃, 꽃가루가 떨어지는 꽃이다. 향은 사람에 따라 취향이 있어 진한 향이 어떤 것인지 정하기는 어렵지만 음식의 향과 섞여 불쾌감을 주지 않도록 해야 한다. 슬픈 날의 꽃으로는 흰색의 국화, 하얀 백합 등이 있으며 서양에서는 글라디올러스

gladiolus나 장미 rose, 메리골드 marigold(천수국) 등도 사용한다. 향이 진한 꽃으로는 카사블랑카 casablanca, 치자 gardenia seeds 등이 있으며 꽃가루가 떨어지기 쉬운 꽃으로는 에리카 erica, 공조팝나무 spiraea cantoniensis 등이 있다.

③ 꽃의 형태

● 라인 플라워(line flower)

한 가지에 길고 가늘게 꽃이 붙어 있다. 줄기에 운동감이 있어 확장 효과가 크며, 아우트라인 outline을 꾸며 어레인지먼트 arrangement의 바깥선을 강조하는 역할을 하고, 보는 사람의 시선을 중심으로 이끌고 간다.

대표적인 꽃으로는 글라디올러스 gladiolus, 용담 autumn bellflower, 개나리 korean forsythia, 금어초 antirrhinum, 보리 barley, 스톡 stock 등이 있다.

● 매스 플라워(mass flower)

라운드 타입으로 둥글고 볼륨이 있는 꽃이다. 작은 꽃이나 다수의 꽃잎이 모여 한 덩어리의 꽃을 이루고 있다. 주로 줄기 하나에 꽃이 한 송이가 붙어 있으며 꽃잎이 몇 장 떨어져도 전체적인 형태는 변하지 않는다. 어레인지먼트의 중심을 이루고 전체적인 골격을 만들며 보는 사람의 시선을 중심으로 이끌고 가는 역할을 해준다. 대표적인 꽃으로는 카네이션 carnation, 장미 rose, 국화 chrysanthemum, 수국 hydrangea, 아네모네 anemone, 거베라 gerbera, 마거리트 marguerite 등이 있다.

● 필러 플라워(filler flower)

하나의 줄기에 또 많은 작은 줄기가 달려 거기에 작은 꽃이 많이 붙어 있는 꽃으로 풍성한 느낌을 준다. 라인 플라워나 매스 플라워의 조화를 돕고 어레인지먼트의 빈 공간을 없애주고 꽃과 꽃을 연결하는 역할을 하여 전체적인 이미지를 부드럽게 한다. 어레인지먼트의 단점을 보완하고 전체적으로 볼륨을 내는 효과가 있다. 대표적인 꽃으로는 안개꽃 common gypsophila, 미모사 sensitive plant, 소국 chrysanthemum 등이 있다.

● 폼 플라워(form flower)

꽃의 형태가 확실한 개성적인 꽃이 많다. 어느 쪽에서 봐도 그 모양이 달라서 개성적이고 아름답다. 다른 형태의 꽃들보다 돋보이게 연출할 수 있으며 역동적인 느낌을 준다. 대표적인 꽃으로는 난 orchid, 호접란 phalaenopsis, 카틀레야 cattleya, 아이리스 iris, 칼라 calla, 백합 lily 등이 있다.

CHAPTER 05

음식사진 촬영의 이해

1. 사진촬영의 기본 이론

1) 렌즈의 종류와 특징

무한대에 초점을 맞추었을 때 렌즈에서 초점까지의 거리를 초점거리라고 한다. 초점거리가 바로 영상을 맺히게 하는 공간이며, 이 길이가 길어질수록 렌즈의 배율이 높아지고 렌즈길이도 길어진다. 즉 초점거리에 따라 사물들이 다르게 보이기도 하고, 사진 또한 다르게 찍힌다.

초점거리 50mm를 표준으로 할 때 초점거리가 화면의 대각선 길이와 비슷하면 표준렌즈이고, 짧으면 광각렌즈, 길면 망원(협각)렌즈라고 한다.

초점거리가 짧으면 짧을수록 더욱 넓은 화면이 잡히기 때문에 물체들은 작게 나타나고, 이와 반대로 초점거리가 길면 길수록 화각은 좁아져 좁은 범위만 찍을 수 있기 때문에 물체는 크게, 거리감은 실제보다 가깝게 표시된다. 화상의 주변이 약간 흐려지거나 형태가 왜곡되는 것을 수차(收差)라고 하며, 색광(色光)에 따라 초점거리가 달라지는 것을 색수차(色收差)라고 한다. 이러한 수차와 색수차를 바로잡기 위하여 여러 종류의 렌즈를 조합한 렌즈가 만들어진다.

(1) 표준렌즈(standard lens)

인간이 보는 시야와 가장 가까운 화각을 가진 렌즈로, 렌즈가 밝아 플래시 빛 없이 웬만한 자연광으로도 촬영이 가능하기 때문에 분위기 있는 사진을 찍을 수 있고 클로즈업 효과도 잘 나타낼 수 있다.

(2) 광각렌즈(wide-angle lens)

단초점렌즈 short lens라고도 하며 초점거리가 필름 대각선의 길이 (43.27mm)보다 짧은 렌즈를 말한다. 초점거리가 짧으면 짧을수록 넓은 각도의 촬영이 가능하기 때문에 광각렌즈를 이용하면 앞에 보이는 것을 넓은 범위로 찍을 수 있다. 또한 찍고자 하는 주제에 50cm 이내로 다가가 촬영하면 배경에 있는 피사체들은 작게 나타나기 때문에 앞의 주제가 상대적으로 더욱 커 보여 주제 강조에 효과적이다.

(3) 망원렌즈(tele photo lens)

장초점렌즈 long focus lens 또는 협각렌즈라고도 하며 초점거리가 필름 대각선의 길이보다 긴 렌즈, 즉 표준 렌즈보다 초점거리가 긴 렌즈를 말한다. 협각렌즈는 화각이 좁고 거리감이 압축되어 얕은 피사계 심도를 가지고 있는 것이 특징이다. 얕은 피사계 심도를 이용해 전경과 배경을 흐리게 하여 주제와 배경을 분리할 수 있고 거리감이 압축되어 멀리 있는 산봉우리가 실제보다 가깝게 보이게 할 수도 있다.

(4) 줌렌즈(zoom lens)

자유롭게 초점의 이동이 가능하여 마음대로 사각(寫角)을 조절할 수 있는 편리한 렌즈를 말한다.

줌인 zoom in과 주밍 zooming이 있는데, 줌인은 줌렌즈의 초점거리를 변화시켜 물체를 당겨 확대시킨 상태에서 촬영하여 물체를 더욱 선명하게 표현한 것이다. 주밍은 카메라를 고정시킨 채 줌렌즈의 초점거리를 변화시켜 물체를 확대시키거나 축소시키는 도중에 촬영이 시작되어 물체의 끌린 흔적이 사진에 나타나게 촬영하는 것이다.

(5) 매크로렌즈(macro lens)

매크로렌즈는 주로 대상을 뚜렷하게, 배경은 흐리게 하기 위한 렌즈라고 할 수 있다. 작은 물체를 촬영하고 확대한다는 뜻으로 마이크로 micro 혹은 접사렌즈라고도 하며 초점거리가 작을수록 물체에 가까이 접근할 수 있어 작은 피사체를 더 크게 찍을 수 있다.

2) 조명

(1) 조명도구

① 텅스텐 전구(tungsten lamp)

전류가 통하면 빛을 내는 가느다란 텅스텐을 필라멘트로 사용한 전구이다.

② 스트로보(strobo)

스틸카메라의 촬영에 쓰는 전자플래시 스트로보스코프 stroboscope의 약어로, 크세논 xenon 가스가 들어 있는 방전관에 전류를 보내 순간적으로 짧고 강한 섬광을 발하는 조명 기구이다.

③ 소프트박스(soft box)와 엄브렐러(umbrella)

촬영 시 조명의 빛을 조절하기 위한 보조 장치로서, 엄브렐러는 사진용 조명이 확산된 효과를 주기 위한 우산 모양의 반사판으로 은색, 금색, 백색 등 색온도에 따라 다양한 종류를 사용한다.

(2) 조명연출

① 정면광

순광이라고도 하며, 피사체 정면에서 비추는 빛으로 사진사가 빛을 등지고 촬영하는 경우이다. 모든 부분이 그림자 없이 밝게 나타나 입체감이 부족할 수 있다.

② 측광

반역광이라고도 하며, 피사체의 옆에서 비추는 조명으로 콘트라스트 contrast가 과장될 정도로 뚜렷이 나타난다. 피사체의 정면은 그늘이 광선으로 피사체의 입체감을 살려주고 분위기 표현에 효과적이기 때문에 음식, 인물 촬영에 널리 이용된다.

③ 역광

후면광이라고도 하며, 피사체의 뒷면에서 비추는 빛으로 색감을 투명하게 하고 강렬한 느낌을 주고 싶을 때 사용한다. 투명한 잔에 담긴 음료를 촬영하고자 할 때 많이 사용한다

④ 직사

조명을 우산이나 소프트 박스 soft box, 팔레트 palette지 등을 이용하여 명확하지만 가장자리가 부드러운 그림자가 생기도록 연출할 때 사용한다.

⑤ 직사확산광

플래시를 이용한 방법으로 한번에 조명을 주게 되므로 가장자리에 선명하고 어두운 그림자가 생긴다.

⑥ 확산광

여러 번에 걸쳐서 조명을 주게 되므로 거의 그림자가 생기지 않고 자연스럽다.

3) 구도

① 수평선 구도

조용하고 안정적인 느낌을 주는 수평선 구도는, 수평선 자체가 차분히 가라앉는 평화로운 분위기를 만들어내며 화면이 더 넓게 보인다. 선의 위치에 따라 화면의 가치가 크게 좌우되는데 특히 가로사진이 세로사진보다 더욱 정적인 미를 느끼게 한다.

② 수직선 구도

수직선 구도는 강렬한 의지를 표현해주며, 깊이감이나 엄숙한 느낌을 줄 수 있다. 세로사진이 가로사진보다 더욱 깊이감을 준다.

③ 대각선 구도

대각선 구도는 화면을 사선으로 가로지르는 구도로 불안정한 느낌으로 화면에 운동감을 만들며, 활동적인 느낌을 표현할 때 효과적인 구도이다. 움직이는 물체의 표현은 진행방향으로의 여백과 함께 대각선 구도를 만들어야 안정감이 있다.

④ 원형 구도

원형 구도는 대상을 둥그렇게 배치하여 시선을 주변의 사물로부터 가운데로 몰입시키는 효과를 만들어낸다. 즉, 중심을 향해 시선이 집중되는 위치에 주제를 두어 부각시키고 주변의 다른 요소를 배제시키는 효과가 원형 구도의 장점이라고 할 수 있다. 하지만 시선이 다른 곳으로 분산되지 않기 때문에 빨리 식상해질 수 있는 단점도 고려해야 한다.

⑤ 삼각형 구도

심리적으로 차분한 분위기를 표현하고 싶을 때 삼각형 형태로 사물을 배치하면 보는 사람이 안정감을 느낄 수 있다. 차분하고 안정적인 느낌을 주기 때문에 사진이 무겁게 느껴지기도 한다.

⑥ 곡선 구도(S, Z자형)

곡선 구도는 화면 속에 다양한 변화를 만들어내는 구도로 율동감과 리듬이 나타나며 사광을 이용하면 곡선의 질감이 더욱 잘 살아난다. 곡선 구도의 끝에 주제와 부제를 대조적으로 배치하면 보는 이의 호기심을 불러일으킬 수도 있다.

4) 촬영 앵글

① 하이 앵글(high angle), Top level

촬영자가 높은 곳에서 아래쪽을 향해 촬영하는 것으로 날아가는 새가 하늘에서 보는 것과 같다고 하여 조감(鳥瞰)촬영이라고도 한다. 어떤 주변의 정황

하이 앵글(high angle)

에 대한 설명적 사진에 적합하고 피사체를 패턴화하는 데 효과적이다. 또한 옆에서 촬영하는 것보다 세밀한 묘사가 가능해진다. 그러나 입체감이 떨어지고 카메라를 너무 많이 숙이면 이미지가 오히려 평면적으로 나올 수 있다.

② 기본 앵글(basic angle), Table level

음식촬영 시 가장 많이 사용되는 앵글로 식탁에 앉아 음식을 보는 눈높이에서 촬영하는 것을 말한다.

기본 앵글(basic angle)

③ 수평 앵글(horizontal angle), Eye level

촬영자의 눈높이에서 수평으로 보고 촬영하는 것이다. 이 앵글은 흔히 봐오던 익숙한 느낌이기 때문에 개성 없는 사진을 만들 수도 있지만 심도조절이나 배경을 잘 선택하면 효과적으로 주제를 나타낼 수 있다. 아이레벨로 촬영할 때는 배경이 산만하지 않게 하고 주제와 대비되는 톤을 선택하여 촬영해야 한다. 즉 밝은 색상의 어떤 주제를 강조할 경우 어두운 배경을 선택해야 하고, 역광의 어두운 색상의 주제를 강조할 경우 밝은 톤의 배경을 선택해 주제가 배경으로부터 확실히 구분되도록 해야 효과적으로 주제를 부각시킬 수 있다.

수평 앵글(horizontal angle)

④ 로우 앵글(low angle)

촬영자가 낮은 곳에서 위쪽을 향해 찍는 각도를 말한다. 눈높이 각도에서 사진을 찍으면 원경이 화면의 위쪽에 있게 되지만, 로우 앵글로 찍게 되면 배경이 아래쪽에 있게 되어 색다르며 이미지를 올려다보게 되어 전하고자 하는 주제를 더욱 강조할 수 있다. 음식촬영에서는 거의 사용하지 않는다.

⑤ 특수 앵글(unordinary angle)

위에서 설명한 각도 외에 촬영자가 선택하는 여러 각도에서 촬영하는 것이다.

5) 사진용어 해설

① 아웃오브포커스(out of focus)

초점이 맞지 않고 화상이 흐려 보이는 상태로 아웃포커스와는 구별된다. 그 반대는 인포커스 in focus라고 한다.

② 아웃포커스(out focus)

일정한 부분에만 초점이 맞고 배경은 흐트러져 뿌옇게 보이는 상태로 주제 이외의 물체를 의도적으로 흐르게 묘사하여 주제를 강조하거나 피사체를 부드럽게 보이도록 할 때 사용한다. 반대는 팬포커스 pan focus라고 한다.

③ 팬포커스(pan focus)

가까운 곳에서부터 먼 곳까지 흐린 부분 없이 선명하게 초점이 맞은 상태를 말한다. 조리개를 조일수록, 광각일수록 팬포커스가 되기 쉽다.

④ 색온도(color temperature)

열을 방사하는 물체의 색을 숫자로 표시한 것이다. 이상적인 흑색의 복사체가 가열될 때 내는 광선의 색을 절대온도 캘빈도(°k)로 표시한 것을 말한다.

⑤ 화이트밸런스(white balance)

카메라의 색 설정을 사람이 보는 색과 일치하도록 기억시켜 피사체로부터 반사되는 색을 정확하게 표현하기 위한 보정방법이다.

⑥ 조리개(aperture)

광선이 통과하는 렌즈의 열려 있는 크기를 말한다.

⑦ 싱크로코드(synchro cord)

플래시와 카메라를 연결하는 전선으로 플래시가 카메라와 떨어진 곳에서 발광할 수 있도록 해준다.

⑧ 노출(exposure)

피사체의 밝기에 따라 조리개의 크기와 셔터속도를 조절하고 이 두 가지 조합으로 가장 적당한 광량을 조절하는 것이다.

⑨ 피사계 심도(depth of field)

초점을 맞췄을 때 사진에서 선명하게 나타날 수 있는 카메라로부터 가장 가까운 곳에서 가장 먼 곳 사이의 범위를 말한다. 피사계 심도는 거리가 멀수록, 화면에 대해 렌즈의 초점거리가 짧을수록 정확하게 찍히는 범위가 넓다.

2. 음식사진 촬영 시 고려사항

1) 기본적으로 고려할 사항

- 의뢰인의 목적이 무엇인지 고려한다.
  (광고용, 포장, 카탈로그, TV홍보)
- 보여주고자 하는 주제와 전달하려는 메시지가 무엇인지 고려한다.
- 스타일의 중점을 어디에 둘 것인지를 고려한다.
  (전통적, 현대적, 민족성, 계절성 등)
- 조리법과 촬영을 위한 테크닉 등을 고려한다.
  (의뢰인의 기준, 조리법 고려, 촬영을 위한 새로운 조리법 구상)

2) 시각적으로 고려할 사항

- 소품의 크기와 색, 모양을 고려한다.

- 카메라의 구도, 음식과 카메라와의 거리, 음식과 배경과의 비율 등을 고려한다.
- 밝고 어두운 배경, 그림자 등의 조명을 고려한다.
- 구성(선과 모양, 색: 대비, 보조, 단색, 질감, 균형, 리듬, 조화)
- 음식촬영의 목적에 맞게 스타일링 하도록 고려한다.
  (신선도, 계절감, 단순함)
- 개성 있는 장식과 독특한 접시, 소품, 커틀러리 등의 선택 및 배경, 카메라 구도의 다양한 시도 등 창의력이 필요하다.

3) 준비과정

(1) 그릇

도자기류의 그릇에 흠집이 나서 깨진 부분이나 금이 있을 때 눈으로는 잘 안 보이지만 사진으로 찍고 보면 눈에 잘 띄기 때문에 주의해야 한다. 금속류의 그릇은 잘 닦아서 반들반들하게 준비해야 하고, 그릇에 음식이 지저분하게 묻은 경우에는 휴지로 조심스럽게 닦아도 표가 나기 때문에 그릇을 깨끗이 씻은 후 다시 담아 음식이 그릇 주변에 묻지 않도록 한다.

(2) 세팅

같은 음식이라도 그릇의 색과 디자인에 따라 어울리는 테이블클로스, 커틀러리 등을 잘 배치해 놓거나 센터피스로 이용할 수 있는 기타 소품을 준비해 둔다면 더 예쁘고 깔끔한 음식 사진으로 느끼게 할 수 있다.

(3) 다양한 구도와 앵글

반드시 모두 다 나오도록 찍을 필요는 없다. 중요한 포인트가 되는 부분을 찍을 수도 있고, 또 앵글을 바꾸어 눈높이가 다른 사진을 찍을 수도 있다.

(4) 조명

특별한 의도를 가지고 연출하지 않는 한 일반적으로 빛이 골고루 들어가도록 하는 것이 좋다. 이를 위해 고급 조명이 아니라도 스탠드를 이용하거나 창문에 들어오는 자연광을 이용하면 편리하게 연출할 수도 있다.

(5) 카메라 내장 플래시

음식에 플래시를 직접 사용하면 어떤 부분은 강한 반사가 일어나서 희게 보이고, 어떤 부분은 강한 그림자가 생겨 어두워지기 때문에 입체감 없이 밋밋한 느낌의 좋지 않은 사진이 될 수 있다. 따라서 싱크로코드 synchro cord를 달아 각도를 바꾸어 사용하거나 여러 개의 플래시를 사용하는 기법을 이용하기도 한다.

(6) 렌즈 거리 조절

렌즈를 음식에 너무 가까이 대고 찍으면 렌즈 때문에 빛이 반사되거나 국물이나 양념재료가 렌즈에 묻는 경우가 있으므로, 거리를 확인하고 촬영해야 한다.

그리고 뷰파인더가 광학으로 바로 보이는 카메라의 경우에는 눈으로 보이는 곳과 촬영되는 곳이 다르기 때문에 보이는 것과 실제 사진으로 찍히는 부분이 달라지게 된다. 이 오차 때문에 가까워질수록 찍히는 범위가 더 많이 달라지므로 가능하면 LCD liquid crystal display(액정표시기)를 보면서 촬영하는 것이 좋다.

PART 2

음식과 공간연출의 실제

CHAPTER 06

푸드 스타일링 (food styling)

1. 푸드 스타일링이란

음식이나 식품의 특성과 색상, 그리고 시즐 sizzle을 최대로 살려서 시각뿐만 아니라 후각 · 청각까지도 표현해 낼 수 있는, 즉 오감을 만족시키면서 최고의 비주얼로 만들어내는 광고음식 및 사진예술을 말한다. 가장 기본적인 것으로 사진 상의 표현방법을 만들고, 어울리는 식기를 선택하여 아름다운 비율로 담아내는 연출법이다. 빛의 방향에 따라 놓는 위치를 선정해야 하기 때문에 고도의 감각이 필요하다.

푸드 스타일링의 한 분야인 프롭 스타일링 prop styling은 음식과 식품에 어울리는 콘셉트 concept에 따라 분위기를 연출해내는 것으로 테마에 따라 소품, 테이블웨어 tableware 등을 조화롭고 아름답게 매치시켜 이미지를 만들어내는 사진 연출을 말한다. 식음료 또는 식품, 주방 제품이나 가전제품, 테이블웨어 tableware 등 그 대상은 다양하다.

각종 미디어에 따라서 스타일링이 변화되므로 이를 고려해야 하며 촬영 시 재료를 분배하고 선택할 때 재료에 대한 상식이 필요하다. 또한 콘셉트에 맞는 소품 선택을 위한 감각과 세팅에 대한 상식, 세계음식문화에 대한 폭넓은 지식 등이 필요하며 연출력과 테크닉이 필요하다. 촬영을 위한 준비를 할 때 사용하는 연출도구를 준비해야 하고 깨지기 쉬운 테이블웨어 tableware와 글래스웨어 glassware 등은 여분을 준비해 두어야 한다.

2. 스타일링 도구(food styling kit)

스타일링 작업 시 음식이 돋보이도록 하기 위해서는 일반 조리기구 외에 섬세한 연출을 위한 도구들이 필요하다. 어떤 종류의 음식을 스타일링하느냐에 따라 필요한 도구들이 달라지기 때문이다.

- 도구상자 : 스타일링 작업 시 필요한 연출도구와 재료를 넣기 위한 상자로 휴대가 쉽고 견고하며 여러 공간으로 구분된 것이 사용하기 편리하다.
- 타이머 : 시간에 따라 변하는 음식의 상태를 체크할 수 있다.
- 온도측정계 : 온도가 정확히 맞아야 하는 음식일 경우, 온도측정계를 사용하면 효과적으로 조리할 수 있다.
- 아이스크림 스쿱 Ice cream scoop : 아이스크림 연출 및 새로운 스타일을 연출할 때 사용되며 다양한 크기의 디셔를 준비해 두는 것이 좋다.
- 스포이트 : 음식물이 넘치거나 부족할 때 사용하면 편리하고 자연스러운 소스나 드레싱 연출에 사용한다.
- 분무기 : 테이블리넨 table linen을 다리는 데 사용되며 채소와 과일에 물방울이 맺게 하는 효과를 연출할 때 사용한다.
- 에어브러시 air brush : 촬영 시 미세한 먼지와 부스러기 등을 정리할 때 사용한다.

- 토치 torch : 음식의 형태를 유지하면서 음식의 표면을 익힐 때 사용한다. 필요한 부분만 골라서 구울 수 있어 매우 유용하다.
- 그릴용 쇠막대 : 고기 연출 시 불에 달구어 고기에 그릴 모양을 찍을 때 사용한다. 원하는 방향이나 모양대로 그릴 자국을 연출할 수 있어 스테이크 연출 시 유용하다.
- 필러 peeler : 채소와 과일 껍질을 벗길 때 또는 아주 얇게 썰 때 사용하는 도구이다.
- 페어링 나이프 paring knife : 보통 칼보다 날이 작아 과일이나 채소를 원하는 모양으로 자를 때 사용한다.
- 작은 가위 small scissors : 재료를 작게 오리거나 섬세하게 정리할 때 사용한다.
- 제스터 zester : 레몬, 라임, 오렌지 등의 껍질을 가늘고 길게 벗겨 연출할 때 사용한다.
- 코어러 corer : 사과 씨 부분을 분리해내는 데 사용한다.
- 붓과 식용유 : 음식을 촬영하기 전에 붓을 이용하여 식용유를 발라주면 윤기가 생긴다. 김치나 조림에는 식용유 대신 물엿을 사용하기도 한다.
- 핀셋 pincette : 섬세한 재료를 올리거나 미세한 부분의 음식을 수정할 때 사용한다. 고명을 올릴 때도 유용하다.
- 이쑤시개 : 음식을 고정할 때 사용하는데 촬영 시 보이지 않게 사용해야 한다. 햄버거 촬영 시 패티 patty와 채소를 빵과 함께 고정할 때 많이 사용한다.
- 주사기와 글리세린 : 음식 표면에 물방울 효과를 연출할 때 효과적이다.
- 인조 서리, 인조 눈 : 인조 서리는 서리가 살짝 낀 맥주병을 촬영 시 사용하며, 인조 눈은 팥빙수 등을 연출할 때 얼음가루 대신 사용할 수 있다.

- **인조 거품** : 맥주 거품을 촬영할 때 사용한다. 약품을 섞어 사용하며 장시간 촬영하기 쉽다.
- **인조 얼음** : 얼음이 필요한 촬영 시 사용한다. 인조 얼음에는 인조 얼음 알갱이와 인조 크리스털 얼음이 있다. 인조 얼음 알갱이는 20분 정도 물에 불려서 사용하면 효과적으로 활용할 수 있고, 인조 크리스털 얼음은 각얼음 대용으로 위스키 광고에 많이 사용한다.
- **반사방지 스프레이** : 유리 제품들은 빛이 반사되기 때문에 촬영 시 사진의 느낌이 떨어진다. 이때 반사방지 스프레이를 이용한다.
- **인조 물방울** : 커피나 음료의 표면에 떠 있는 거품 촬영 시 사용된다.
- **인조 연기** : 약품을 섞거나 드라이아이스를 이용하여 연기를 만든다. 뜨거운 음식 촬영 시 유용하다.

3. 음식별 푸드 스타일링의 실제

1) 김치

- 김치는 아주 싱겁게 담가서 3~4일 지난 후 촬영하는 것이 좋다.
- 통배추는 겉잎이 많고 속이 촘촘히 박히지 않은 것을 선택한다.
- 배추는 머리부분을 깨끗하게 다듬고 2쪽이나 4쪽으로 쪼개어 소금물에 살짝만 절인다.
- 고춧가루는 색을 좋게 하기 위해서 하루 전에 미리 물에 불려 놓는다(고춧가루 2C + 소금 2T + 물 2C).
- 무채는 약간 굵게 썰고 미나리, 파, 갓 등은 따로 썰어

버무린다.

- 채 썬 무에 고춧가루 불린 것을 넉넉히 넣어 양념한다.
- 색을 좋게 하기 위해 새우젓 국물을 이용하고 설탕이나 물엿을 사용한다.
- 배추 한 잎 한 잎의 결이 살도록 양념을 채우고 옆면을 잘 다듬는다.
- 가장 바깥쪽의 푸른 잎은 떨어지지 않게 조심해서 같이 절이고 양념이 묻지 않게 하여 김치 폭을 감싸 안도록 싼다.
- 김장 김치처럼 반으로 접어 싸지 말고 길게 통째로 감싸서 촬영해야 푸짐해 보인다.

2) 나물

- 나물을 하기 위한 채소는 살짝 익혀 간을 약하게 하고 식초는 넣지 않는다.
- 고추장은 사진 찍을 때 검게 보이므로 조금만 넣어야 하며, 설탕은 윤기가 살아날 수 있으나 수분이 빠지므로 너무 많이 사용하지 않는다.
- 나물의 길이는 사진 촬영 시 길게 보이므로 예측 길이보다 짧게 자른다. 어두운 색 나물은 빛이 들어오는 방향에 놓고 빛의 반대편, 즉 그림자 지는 방향에는 줄기 부분을 놓아 색을 밝게 한다.
- 나물을 담을 때는 위로 수북하게 담고, 젓가락으로 옆면을 들어 자연스럽게 공간을 만들어준다.
- 나물이 숨이 많이 죽어 있을 때는 밑에 양념하지 않은 채소를 깔고 위에 양념한 나물을 담는다.
- 나물은 촬영하기 직전에 버무려 촬영하는 것이 가장 효과적인 방법이고, 양념은 뭉치지 않도록 너무 많이 사용하지 않는다.
- 고명이나 장식 잎은 촬영 직전에 놓고, 미나리나 쑥갓은 데치지 않고 소

금 없이 참기름만 넣어서 무치는 것이 좋지만 푸른색 채소는 소금을 약간 넣고 데쳐서 사용한다.

- 유리그릇은 촬영 시 표현이 어려우므로 목기나 자기 그릇에 세팅하는 것이 좋다.

3) 샐러드

- 샐러드는 채소가 시들어 있다는 느낌이 들지 않도록 찬물이나 얼음물에 담가두고 빳빳하게 살아나면 바로 건져 물기를 제거하여 신선함을 표현한다. 빳빳해진 후에도 계속 물에 담가두면 색이 어두워지므로 주의해야 한다.
- 촬영 도중 표면이 마르지 않도록 스프레이로 수분을 수시로 공급한다.
- 잎채소는 손으로 뜯어 채소가 가진 선과 부피감을 살릴 수 있도록 한 잎씩 담는다.
- 드레싱 dressing은 농도를 걸쭉하게 만들어 뿌리는 장면을 연출하거나 따로 담아 촬영한다.
- 채소의 물방울을 표현하려면 주사기로 글리세린을 표면에 찍어 연출한다.
- 샐러드는 많이 눌러 담지 않고 공간감이 있게 그릇에 담는다.

4) 샌드위치

- 샌드위치 안의 내용물이 잘 보이도록 카메라 앵글을 잡아서 촬영한다.
- 안쪽의 내용물은 가위를 이용하여 깨끗하게 정리한다.
- 잘라진 단면을 연출할 때에는 만들어서 자르기보다는 빵과 내용물을 따로 잘라서 만드는 것이 형태를 유지하는 데 효과적이다.

5) 찌개

- 국물 속의 재료들이 보이게 하기 위해 삶은 무를 적당한 높이로 잘라 밑에 깔아준다.
- 모든 재료는 보이도록 담고 수저로 위 재료에 국물을 부어 자연스럽게 연출한다.
- 된장찌개의 경우 반드시 체에 걸러서 국물을 내고 된장이 가라앉으므로 국물을 진하게 낸다. 그릇에 재료를 먼저 놓고 진한 국물을 넣어준다.
- 김치찌개의 경우 들어가는 식재료의 색이 유사하여 구분이 명확하지 않으므로 연출하기 까다롭다. 김치를 따로 볶아서 사용하고 푹 끓이지 않고 국물을 뿌려서 사용하는 것이 좋다.
- 생선찌개의 경우 여러 채소를 잘라 그릇에 담고 그 위에 생선과 부재료를 담는다. 부재료인 무, 고추, 파 등의 채소는 살짝 데쳐 사용하여 신선함을 연출한다.

6) 파스타

- 면은 조금 덜 익힌 후 기름에 볶아둔다.
- 면을 익힌 후 붙지 않도록 한 올씩 랩으로 싸두고, 면을 한 올씩 들어 웨이브를 주면서 접시에 세팅한다.
- 크림소스의 파스타인 경우 점성을 주기 위하여 사우어크림 sour cream과 콘스타치 corn starch를 1:1로 섞어 사용하고, 표면에 윤기를 주기 위해 광택용 헤어스프레이를 사용하기도 한다. 소스는 숟가락으로 2~3회 반복하여 뿌린 후 스포이트로 중간 중간 흐르도록 뿌린다.

7) 면류

- 면은 각종 면마다 삶는 정도가 다르다. 따라서 먼저 삶아서 테스트를 해보고 실제보다 약간 덜 삶아서 촬영한다.
- 물냉면을 제외하고 다른 면들은 삶는 물에 기름을 넣어 삶는다.
- 일반 국수는 넣고 삶다가 끓으면 찬물을 넣어 다시 삶아낸다.
- 삶은 면을 깨끗이 씻고 길게 잘 다듬어서 똬리를 튼다.
- 똬리는 밑에서부터 감아 틀어주고 젓가락으로 면발을 살려준다.

8) 차가운 음료

- 콘시럽(1큰술)에 물(10~20방울)을 섞은 후 굵은 칫솔을 이용하여 컵 옆면에 뿌리면 맺힌 물방울이 연출된다.
- 얼음이 담긴 음료를 연출할 때에는 인공 얼음과 실제 얼음을 반반 섞어 사용하면 자연스러움을 연출할 수 있다.
- 콜라와 아이스커피의 경우 신선함을 연출하기 위해 스포이트를 이용하여 음료 표면에 거품을 만들어준다.

9) 커피

- 막 끓여낸 신선한 커피는 거품이 생기는데 장시간의 촬영으로 거품은 사라지게 된다. 촬영 시 거품을 연출하기 위해 커피에 주방세제를 아주 약간만 넣고 저어서 사용한다. 세제를 너무 많이 넣으면 거품이 커지고 무지갯빛이 보이므로 주의해야 한다.
- 큰 거품이 있으면 이쑤시개로 터뜨린다.
- 커피 거품의 모양이 나도록 일부는 걷어내고 거품을

잔 옆으로 보내준다.

- 다른 컵으로 옮길 경우 거품을 떠서 넣기도 한다.
- 커피색은 연하게 연출한다.

10) 아이스크림

레시피

- 파우더슈거: 373g
- 마가린 8큰술
- 콘시럽 1/4컵

- 볼에 파우더슈거, 마가린, 콘시럽을 넣고 점성이 없어질 때까지 7~9분간 반죽한다.
- 일반적으로 촬영 전날 저녁 상온에 두어야 반죽이 부드러워져 연출하기 쉽다. 반죽이 많이 물러졌을 경우 파우더슈거를 더 첨가한다.
- 스쿱으로 모양을 잡아준다.
- 아이스크림이 자연스럽게 녹는 느낌을 연출하려면 솔에 약간의 물을 묻혀 칠해준다.
- 초코아이스크림의 경우 초콜릿 시럽을, 딸기아이스크림은 딸기잼을 섞어서 느낌을 살린다.

11) 시리얼

- 시리얼은 우유에 담아두면 불어서 촬영에 적합하지 않다.
- 시리얼을 촬영할 때에는 우유 대신 흰 로션이나 목공풀을 사용한다.

12) 죽, 수프 연출

- 죽이나 수프의 경우 촬영 중 표면이 말라 막이 생기기 쉬우므로 그릇에 7부 정도만 담은 후 촬영 위치를 먼저 세팅한다. 준비가 완료되면 더 담아서 촬영을 한다.

• 촬영을 위한 죽, 수프는 실제 먹는 것보다 묽게 만드는 것이 좋다.

13) 카레

• 소스를 묽게 만들어 재료가 소스에 덮이지 않도록 연출한다.
• 그릇에 담을 때 재료를 가급적 안쪽으로 넣어준다.

14) 햄버거

• 위를 덮는 빵은 속을 약간 파내어 재료가 모자를 쓰듯 덮이게 얹는다.
• 빵 가장자리에 지저분한 부분은 작은 가위로 다듬어준다.
• 맨 밑에 까는 상추는 시간이 지나면 처져서 빵을 가리므로 빵과 잎 사이에 이쑤시개를 꽂아서 지탱해준다.
• 치즈가 열에 의해 살짝 녹은 것을 연출하기 위해서는 치즈의 모서리를 뜨거운 물에 담갔다가 꺼낸다.
• 완성된 고기의 크기는 빵의 크기와 같아야 하므로 패티를 빵보다 직경 1.5cm 정도 크게 만든다. 고기의 옆면을 티스푼으로 다듬어 자연스럽게 형태를 만들고 고기를 익힌다.
• 재료들을 쌓은 후 고기 옆면에 붓으로 윤기 나는 소스를 발라준다.
• 햄버거는 평평하고 안정감 있게 쌓는 것이 중요하다. 재료가 앞으로 나오는 것은 괜찮지만 옆으로 나가지는 않게 한다.

15) 생선구이

- 생선 위에 뜨거운 튀김 기름을 스푼으로 떠서 생선에 뿌려준다.
- 꼬챙이로 빗금을 내고 소금을 뿌린다.
- 지느러미는 호일로 싸서 그릴에 살짝만 그슬려 주고 등 쪽 아래에 호일을 깔아 부피감 있게 담는다.
- 배 부분은 토치 torch로 그슬려준 후 배 부분이 앞으로 오게 담는다.

16) 햄 & 에그

- 달걀노른자가 중앙에 오도록 하는 것이 중요하다.
- 달걀흰자가 잠길 정도의 기름을 팬에 넣고 따끈할 때 달걀의 흰자를 먼저 놓은 후 흰자 가운데에 노른자가 오도록 서서히 떨어뜨린다.
- 달걀흰자가 다 익기 전에 수저로 옆면을 다듬고 달걀흰자 위에 기름을 끼얹어주면서 익힌다.
- 베이컨은 자연스러움을 주기 위해 석쇠에 지그재그로 꿰어 자연스러운 모양이 되도록 석쇠를 움직이며 굽는다.
- 햄이나 소시지의 경우 발색하는 작업이 필요하다. 발색을 위해서 손에 기름을 바른 후 햄이나 소시지 표면을 문지르면 재료에 기름이 적당히 배어들어 예쁘게 발색된다.

17) 밥

- 쌀을 많이 불리지 않고 살짝 씻어 물기를 빼서 밥을 짓는다. 오일을 넣어 밥을 지으면 윤기가 흐른다.
- 냄비 윗부분의 밥만을 이용한다.
- 밥이 뜨거울 때 단촛물을 넣고 밥알이 으깨어지지 않도록 주걱을 세워 밥을 떠서 털어가면서 섞는다.
- 밥을 그릇에 담을 때 밥알이 뭉치지 않도록 나무젓가락으로 중간 중간 찔러주어 공기가 들어가도록 한다.
- 그릇에 볼록하게 올라오도록 담는다.

18) 피자

- 한 조각을 잘라 치즈가 늘어나는 것을 표현할 때 사전 준비가 필요하다.
- 한 조각을 들어 올리는 각도와 높이를 미리 정하여 주의해서 올려야 한다.
- 피자를 촬영할 때는 토핑 topping을 많이 올린다.
- 빨간색의 토마토소스를 많이 바르면 식감이 떨어지는 어두운 색이 나므로 소스 없이 치즈만 많이 넣고 촬영한다.
- 2개를 준비하여 하나로 사진 핀, 위치 등을 맞추고 다른 하나는 오븐에 3~5분 정도 두었다가 촬영한다.
- 오븐에서 바로 찍지 않고 잠시 두었다가 촬영한다.

19) 자장밥

- 볶은 자장 2큰술에 더운물을 부어 저어가며 농도를 맞춰 끓인다. 커리와 케첩을 넣어 검정색이 아닌 붉은빛이 도는 초콜릿색으로 만든다.
- 커리는 미리 물에 타서 충분히 불린 후 섞고, 케첩은 1~2큰술 정도 넣어 색을 맞춘다.
- 전분물 2큰술을 넣어 농도를 맞춘다. 농도가 묽어야 넣는 재료가 보여서 다양한 색을 느낄 수 있다.
- 넣는 재료는 하나하나 따로 익혀서 3~4개 정도 남겨 놓고 소스와 섞어 밥의 한쪽에 담는다.
- 내용물 담아진 모양이 직선이 되지 않도록 자연스럽게 연출한다.
- 내용물에 당근을 많이 넣어주고 소스를 뿌린 후 완두콩을 얹어준다.
- 완두콩은 살짝 데쳐서 냉동보관해 두고 필요시 따끈한 물에 식용유를 넣고 담갔다 사용한다.

20) 통닭구이

- 닭은 앞가슴이 통통한 것으로 고른다.
- 육질의 긴장을 풀기 위해 닭 표면에 올리브 오일과 소금, 후추로 밑간을 한다.
- 닭 속은 갈색부분을 제거한 촉촉한 식빵을 넣어 채우거나 젖은 거즈를 넣어 속을 꽉 채우고 구멍을 꼬치로 꿰맨다.
- 껍질 부분에 공기가 들어가 있으면 바늘을

이용하여 공기를 빼준다.

- 다리는 잘 모아 실로 발목을 묶고, 날개도 다리 바로 위쪽으로 모아 꼬치에 꽂아서 고정시킨다.
- 닭을 팬에 얹어 250℃로 예열된 오븐에 넣고 40% 정도만 익힌다. 고기 밑에 채소를 깔아주면 고기가 타는 것을 방지할 수 있다.
- 닭 표면은 굴 소스와 올리브오일을 섞어 꼼꼼하게 바르고 다시 오븐에 넣고 구워 색이 나면 꺼내어 굴 소스와 올리브오일 섞은 것을 다시 발라 준다.
- 손으로 톡톡 두드리면 기름기가 올라와 맛있어 보인다.
- 다리 끝부분은 엷은 색종이로 감싸서 장식한다.

CHAPTER 07

테이블 스타일링 (table styling)

테이블 연출을 위한 8가지 기본 이미지에는 캐주얼, 하드캐주얼, 로맨틱, 내추럴, 엘레강스, 클래식, 심플, 모던 등의 스타일이 있다. 이러한 스타일은 테이블 위의 음식, 식사 도구, 테이블리넨, 센터피스, 소품 등을 활용하여 이미지를 표현하게 된다. 이러한 이미지들은 확실하게 나누어 세팅하는 것이 기본 테크닉이지만, 여러 이미지들을 혼합하여 기본 8가지 이미지와 전혀 다른 느낌을 연출하는 것도 가능하다. 8가지 기본 이미지 외에 젠 스타일 zen style도 있다.

1. 타입별 테이블 스타일링

1) 캐주얼 스타일(casual style)

캐주얼은 라틴어 '일어난 일'에서 유래되었으며 '우연의, 되는대로, 약식의'란 의미이다. 점잖지 않으며 편안한 느낌의 자유로움이 캐주얼 이미지의

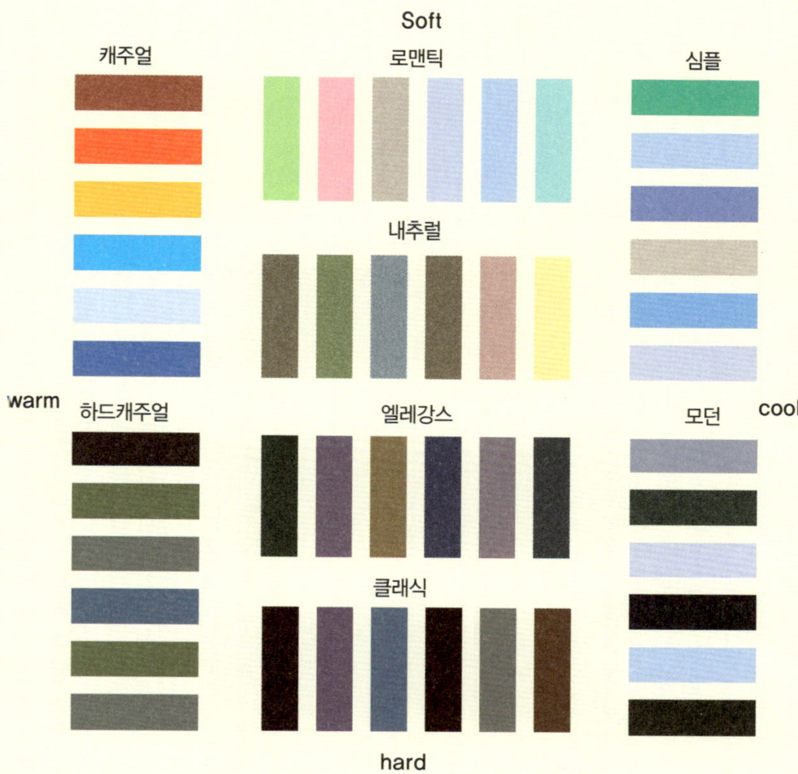

포인트이다. 질감이 다른 소재를 룰에 억매이지 않고 자유롭게 조합한 이미지로, 밝고 활기찬 색을 사용하여 명랑한 이미지를 표현한다. 캐주얼 스타일은 정형화된 틀이 없으므로 연출가의 상상력에 맞춰 다양한 시도가 가능한 스타일로, 일반 가정의 상차림과 같이 실용적이고 일상적이며 편안한 분위기의 연출에 적당하다. 보통 어린이와 20대 초반을 위한 테이블 연출에 많이 이용한다.

'활기찬, 신선한, 화려한, 유쾌한, 즐거운, 친근한, 귀여운, 선명한, 명랑한' 의 단어로 이미지를 표현할 수 있다.

(1) 주로 사용되는 색

유쾌함을 느낄 수 있는 산뜻하고 화사한 색인 빨간색, 주황색, 노란색 등이 주로 사용된다. 주의할 점은 너무 많은 수의 컬러를 사용하면 분위기가 산만해질 수 있으므로 2~3가지 정도의 컬러를 사용하는 것이 좋다. 채도가 높은 색을 주조색으로 화려하게 배색하고 순색을 사용하면 활기찬 느낌을 표현할 수 있다.

(2) 주로 사용되는 아이템

체크무늬와 스트라이프 stripe, 물방울무늬가 있는 테이블리넨 table linen이 주로 이용되어 귀여움과 명랑함을 연출한다. 테이블웨어 tableware는 플라스틱 식기, 아크릴 식기가 사용되며 일회용 식기를 사용해도 무방하다. 식기는

1프린트가 있는 냅킨 2플라스틱 트레이 3플라스틱 포크 · 스푼 4대중적인 문양의 런천 매트 5도기 머그잔

투박한 스타일이 많이 사용되며, 원색의 화려한 식기도 캐주얼 스타일의 테이블 연출에 자주 이용된다. 커틀러리는 플라스틱 제품과 스테인리스 제품이 주로 사용되며, 센터피스로는 색이 선명한 꽃이 주로 사용된다.

2) 하드캐주얼 스타일 (hard casual style)

하드캐주얼의 포인트는 수공예처럼 거칠게 조각한 듯한 느낌이다. 이러한

이미지는 오히려 따뜻함이나 애착을 느끼게 한다. 소박하고 견고할 것 같은 아웃도어 감각, 에스닉 ethnic한 감각의 이미지를 가지고 있다. '활동적, 민속적인, 컨트리풍의, 힘찬, 씩씩한, 튼튼한, 다이내믹한, 거친, 수공예적인, 야성적인' 의 단어로 이미지를 표현할 수 있다.

(1) 주로 사용되는 색

깊이가 있는 색을 주로 사용하며 갈색이 깃든 배색을 주로 사용한다.

(2) 주로 사용되는 아이템

에스닉 문양, 패치워크 patchwork 등의 수공예적인 문양, 동물이나 식물 등 자연을 모티브로 한 문양의 테이블리넨 table linen을 주로 사용하며 소재는 주

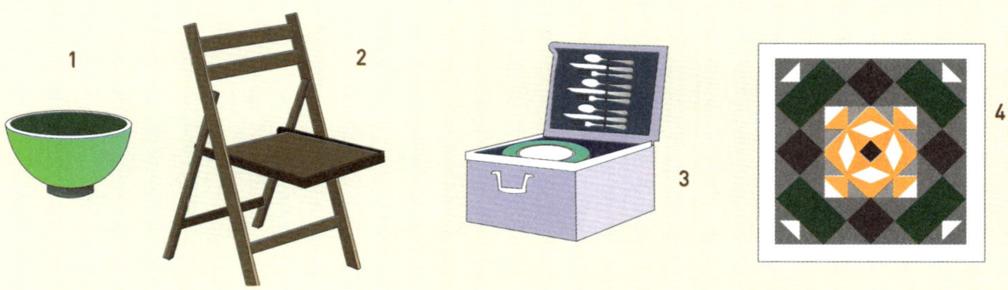

1도기 2실용적이고 견고한 소재의 의자 3피크닉 세트 4패치워크 patchwork된 런천매트 luncheon mat

로 두꺼운 면직물이 사용된다. 도자기 그릇이나 목재 그릇과 같이 매끈한 느낌보다는 투박하면서 거친 질감의 식기가 주로 사용된다.

3) 로맨틱 스타일(romantic style)

상냥하고 감미로운 동화와 같은 세계가 로맨틱 이미지이다. 섬세하고 부드러운 이미지로 흰색을 사용하여 배색하면 깨끗한 느낌을 연출할 수 있고, 연한 파스텔 색으로 배색하면 부드러운 소녀의 이미지를 연출할 수 있다.

(1) 주로 사용되는 색

핑크를 중심으로 연한 파스텔 색이 주로 사용된다. 선명하거나 어둡고 진한 색조보다는 밝고 부드러운 색조를 사용하여 유사한 색조끼리 배색하면 소프트한 이미지를 연출할 수 있다. '감미로운, 달콤 쌉싸래한, 부드러운, 사랑스러운, 달콤한' 의 단어로 이미지를 표현할 수 있다.

(2) 주로 사용되는 아이템

연한 색의 꽃문양과 작은 물방울 문양이 있는 테이블리넨 table linen, 동화 같은 부드러운 느낌의 일러스트가 있는 테이블리넨, 드레이프 drape나 프릴 frill 같은 부드러운 곡선이 있는 테이블리넨이 주로 사용된다. 투명감이 있는 시폰 소재나 레이스의 테이블클로스는 부드러운 이미지 연출에 적합하다. 로맨틱 스타일은 작은 사이즈의 센터피스와 부드러운 곡선미가 있는 자기로 연

1레이스가 있는 티 냅킨 2파스텔 색조의 티 코지 tea cozy 3디저트 4티 잔

출하는 것이 좋다.

4) 내추럴 스타일(natural style)

내추럴 스타일은 자연의 따뜻함과 소박함을 표현한 이미지이다. 인공적이며 쿨cool한 모던 스타일과 대조적으로 평안함이 있는 스타일이다. 자연의 이미지를 그대로 살린 흙이나 나무로 만들어진 공예품 또는 도기를 이미지 연출에 사용한다. 소박하면서도 손으로 직접 만든 듯한 느낌이 내추럴 스타일의 포인트이다. 그러므로 자극적인 색, 순색은 피하고 콘트라스트contrast는 강하지 않게 베이지, 아이보리, 그린 계열을 배색하면 자연을 느끼게 하는 기분 좋은 이미지를 연출할 수 있다. '자연적인, 평화로운, 소박한, 평온한, 쉽게 친숙해지는, 꾸밈이 없는, 마음이 편하고 한가로운, 마일드mild한, 구애됨이 없는 자유로운, 대범하고 느긋한' 의 단어로 이미지를 표현할 수 있다.

(1) 주로 사용되는 색

정감 있고 편안한 느낌의 연한 갈색이나 빛이 바랜 듯 보이는 색을 사용하여 자연의 느낌을 표현한다. 베이지와 그린 등의 중간톤 색채를 주조색으로 하는 것이 기본이다.

(2) 주로 사용되는 아이템

무늬가 없는 테이블리넨table linen이 주로 사용되고, 인공소재나 혼방소재보다 마, 면 등의 천연소재가 주로 이용된다. 평안함이 느껴지는 풀과 나무를 모티브로 한 문양과 단순하고 부드러운 체크의 테이블리넨도 연출에 적합하다. 꾸미지 않은 자연의 느낌을 연출하기 위해 나무와 대나무 등 인공적인 가공이 느껴지지 않는 자연적 질감이 있는 식기가 주로 사용되고, 소박한 디자인의 도기가 주로 사용된다.

1대나무로 만든 그릇 2나뭇잎 모양의 접시 3도기 4나무 의자 5나무로 만든 바구니

5) 엘레강스 스타일(elegance style)

엘레강스란 라틴어 '선발' 에서 유래되었으며 '품위 있는, 고상한, 아취 있는' 의 의미이다. 프랑스의 양식미를 이미지화하여 섬세하고 차분하며 세련된 성인 여성과 같은 상냥함과 온화함이 엘레강스 이미지의 포인트이다. 부드러운 회색을 중심으로 보라색을 적절히 사용하면 감각적이면서 기품 있는 느낌을 표현할 수 있다. 사용되는 컬러의 수는 가급적 줄이고 전체적으로 부드러운 톤으로 분위기를 연출한다. 엘레강스한 스타일은 세련됨이 돋보이는 공간연출이 중요하고 우아한 분위기를 중시하므로 콘트라스트를 주지 않는 것이 좋다. 엘레강스한 테이블 연출은 연인을 위한 프러포즈 상차림과 30대 이후 여성 대상의 테이블 연출, 결혼기념일 테이블 연출에 적합하다. '우아한, 상품(上品)의 섬세한, 조용한, 온화한, 세련된, 차분한, 멋스러운, 미세한' 의 단어로 이미지를 표현할 수 있다.

(1) 주로 사용되는 색

여성스러움을 강조하기 위해 보라색을 기초로 사용하며, 엘레강스 스타일의 테이블 연출에는 고전적으로 보라계열의 색이 애용된다.

(2) 주로 사용되는 아이템

실크, 새틴 등 광택이 있는 소재와 스웨이드 소재의 테이블리넨 table linen이 주로 사용되고, 식기는 흐르는 곡선미가 있으며 적절한 장식을 살린 꽃문양의 식기를 주로 사용한다. 또한 차분한 멋이 있는 흰색, 금색, 은색의 고급 자기와 얇고 섬세한 글래스가 적합하다. 손잡이 부분에 조각이 있는 은이나 은도금의 커틀러리를 주로 사용한다.

1샴페인 글래스 2꽃무늬가 있는 자기 3자기 포트 4은으로 된 커틀러리

6) 클래식 스타일(classic style)

클래식은 라틴어 '최고'에서 유래되었으며 '일류의, 최고 수준의, 표준적인'의 의미이다. 일반적으로 클래식 스타일은 영국의 양식미와 격조 높은 이미지를 떠오르게 한다. 클래식 스타일은 긴 전통을 뒷받침하는 중후한 분위기를 나타내므로 권위와 위엄이 중시된 공적 공간의 연출에 적합하다. 손이 많이 간 정교한 장식이 많으면 호화로운 이미지를 연출할 수 있으며 반대로 심플하게 완성하면 멋스러운 스타일이 된다. 결혼식 테이블 연출과 최고급 코스요리를 곁들인 만찬 테이블, 최고급 호텔 내 레스토랑의 테이블 연출에 적합한 스타일이다. '전통적인, 호화로운, 침착한, 묵직한, 깊이 있는, 격조 있는, 차분한, 튼튼하고 견고한, 성숙한, 건실한'의 단어로 이미지를 표현할 수 있다.

(1) 주로 사용되는 색

중후하고 어두운 색을 주로 배색한다. 흰색 계열을 주조색으로 사용할 경우 여성스러운 느낌이 연출되고, 어두운 색을 주조색으로 사용할 경우 남성적인 느낌이 연출된다.

(2) 주로 사용되는 아이템

클래식 스타일은 고급스럽고 광택이 있는 벨벳 · 실크 · 금색을 배합한 테이블리넨 table linen이 주로 사용되는데, 무늬가 없는 것이 클래식 스타일에 어울린다. 전통적으로 테이블클로스 table cloth와 냅킨 napkin은 소재와 색이 같은 세트 제품을 사용한다. 은색과 백색의 식기와 금색라인이 있는 식기가 사용되며 접시 중앙에 무늬가 없는 것이 클래식 스타일에 적합하다. 센터피스로는 촛대가 주로 사용되며 명품 커틀러리가 사용된다. 클래식 스타일의 공간은 장식성이 뛰어난 조명기구가 주로 이용된다.

[1]골동품 느낌의 트레이 [2]조각이 들어간 와인 글래스 [3]자기 [4]로코코풍의 의자

7) 심플 스타일(simple style)

필요 없는 장식은 과감히 생략한 상쾌한 이미지이다. 한여름에 시원한 바람이 부는 큰나무 그늘 아래에서 시원한 음료를 마시는 이미지라고 할 수 있다. '간소한, 산뜻한, 청결한, 담백한, 신선한, 깨끗한, 단순한, 젊은' 의 단어로 이미지를 표현할 수 있다.

(1) 주로 사용되는 색

시원함과 청량감을 주는 색을 주조색으로 사용한다. 흰색, 아이보리와 차가운 계통의 밝은 색, 차가운 색 계통의 조금 어두운 색으로 배색하고 깨끗한 느낌을 주기 위해 색의 수를 줄이는 것이 좋다.

(2) 주로 사용되는 아이템

단순한 일러스트, 체크, 산뜻한 기하학 문양의 복잡하지 않고 단순한 문양의 면직물과 마를 테이블리넨 table linen으로 사용한다. 식기는 직선을 기초로 한 원만한 디자인을 사용하여 경쾌함을 느낄 수 있도록 한다.

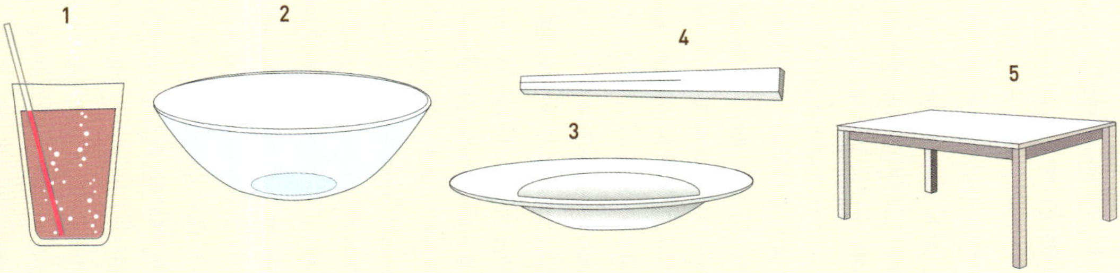

1탄산수가 들어간 글래스 2유리 볼 3백색의 그릇 4나무젓가락 5사각의 장식이 없는 테이블

8) 모던 스타일(modern style)

모던은 라틴어 'modo(=right now)' 에서 유래되었으며 '근대의, 현대의, 새로운, 최신의' 의미이다. 현대의 것이란 그 시대 최신의 선구적인 스타일을 뜻하며, 도시적인 냉철함과 다소 기계적인 감각의 참신한 디자인이 모던 이미지의 특징이라고 할 수 있다. 검정색을 기초로 회색, 백색으로 대조를 강조

한 디자인으로 따뜻한 색보다는 차가운 색을 사용한다. 차가운 색을 기조로 대담한 컬러 대비와 명암 대비를 통해 미래지향적인 감각을 느끼게 하는 디자인이 모던 스타일이다. '현대적인, 샤프한, 합리적인, 기계적인, 이지적인, 대담한, 인공적인, 진보적인, 전통에 구애받지 않는' 의 단어로 이미지를 표현할 수 있다.

(1) 주로 사용되는 색

무채색 계통의 색을 주로 사용하고, 백색과 흑색의 코디네이션으로 도시적 세련미를 연출한다.

(2) 주로 사용되는 아이템

기본적으로 민무늬의 테이블리넨 table linen이 적합하며 문양이 있는 경우는 스트라이프와 같이 심플한 직선적인 문양을 사용하여 참신한 느낌을 연출한다. 스틸이나 유리 등의 인공 재료나 딱딱하고 손에 닿았을 때 차가운 느낌이 나는 금속 식기를 사용하고 샤프하고 직선적인 라인을 살린 심플한 디자인의 센터피스로 연출한다. 모던 스타일의 테이블 연출에서는 부피감이 있는 센터피스는 금물이다. 다소 기발한 형태의 센터피스도 연출에 적합하다.

1 2 3 4

1인공적인 디자인의 글래스 2스테인리스스틸로 된 주전자 3유리 글래스에 칼라가 꽂혀 있는 센터피스
4사각과 둥근 형태로 구성된 접시

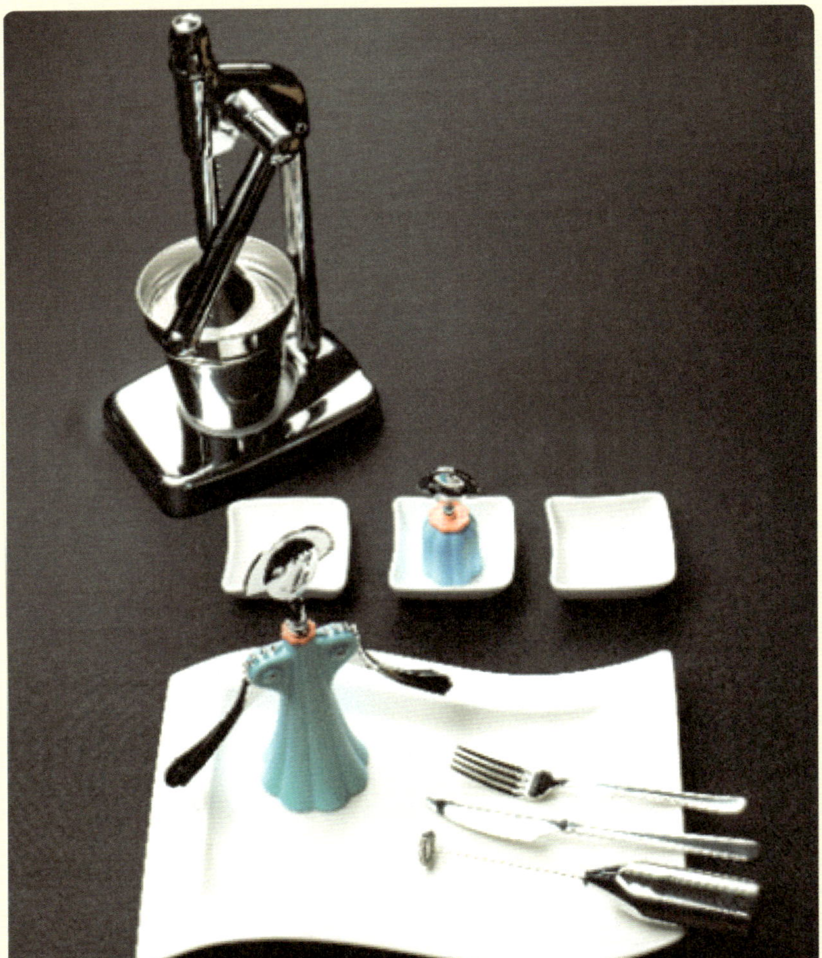

9) 젠 스타일(zen style)

8가지 기본 스타일 외에 젠 스타일 zen style이 있다. 젠 스타일은 1990년대 유럽에서 시작되었으며 서양에서 본 동양 사상으로 명상 · 절제로 표현된다. 심플한 선을 동양적 분위기로 디자인한 것으로 있는 그대로의 자연스러움이 젠 스타일의 특징이라고 할 수 있다. '정갈한, 자연스러운, 고요한' 의 단어로 이미지를 표현할 수 있다.

(1) 주로 사용되는 색

흰색과 검은색의 모노톤 이외에도 밤색, 카키색, 겨자색, 보라색을 사용한다.

(2) 주로 사용되는 아이템

밤색, 카키색, 겨자색, 흰색, 검은색의 테이블리넨 table linen을 주로 사용하며 소재는 번쩍거리거나 광택이 나는 질감보다는 은은하고 부드러운 질감으로 자연스러움을 표현한다. 나무젓가락을 사용하여 동양적 분위기를 연출한다. 또한 대나무, 자갈, 나뭇잎과 같은 자연 소재를 사용하여 테이블을 장식한다.

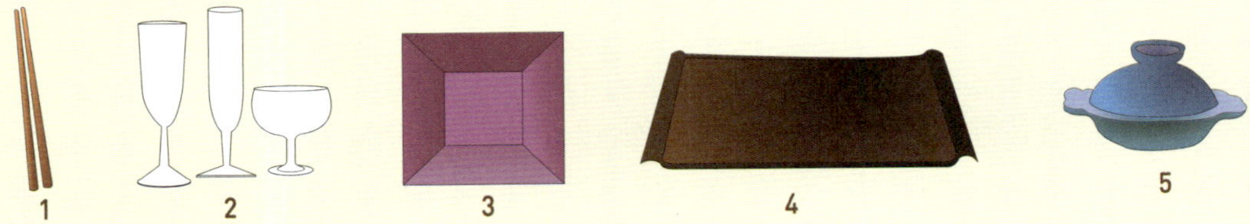

1나무젓가락 2단순한 라인의 글래스 3사각 식기 4사각 나무 쟁반 5도기

2. 테이블 스타일링의 실제

한 사람을 위해 준비하는 가장 간단한 테이블 연출에도 테이블 세팅의 모든 원칙이 적용된다. 테이블 세팅의 기본적인 요소는 디자인이기 때문에 식

사를 하는 장소와 식탁, 테이블클로스, 식기와 커틀러리, 센터피스 등이 적절히 조화를 이룰 때 하나의 테이블이 완성된다.

1) 기본 테이블(basic setting)

특정 목적에 따른 대부분의 캐주얼한 파티에 적합한 테이블 연출 방법으로, 편안하게 약식으로 연출한다. 가정에서 한 세트의 커틀러리 cutlery로 식사가 끝나는 경우는 나이프 레스트 knife rest 위에 커틀러리를 놓기도 한다.

1위치접시 service plate 2테이블나이프 table knife 3테이블포크 table fork 4테이블스푼 table spoon 5와인 글래스 wine glass 6고블릿 goblet 7냅킨 napkin 8빵 접시 bread plate 9버터나이프 butter knife

● 테이블 세팅법

① 테이블에 언더클로스를 깐다.

② 언더클로스를 깐 후 그 위에 흰색의 테이블클로스를 깐다. 가정에서는 무늬가 들어가 있는 테이블클로스도 좋으며 테이블에서 30cm 정도 떨어지는 사이즈가 좋다.

③ 1인용 식탁의 넓이는 일반적으로 60~80cm가 필요하다.

④ 중앙에 꽃 또는 센터피스를 놓고 양쪽에 캔들을 놓기도 한다. 센터피스

는 상대의 얼굴이 보이는 정도의 높이(25~30cm)가 좋다.

⑤ 위치접시 또는 디너 플레이트를 놓는다.

⑥ 커틀러리는 오른쪽에 나이프(날은 안쪽을 향하도록), 수프가 있으면 스푼은 나이프의 바깥쪽에 놓는다. 왼쪽에 포크를 놓는다. 요리에 맞춰 커틀러리의 수를 늘린다.

⑦ 빵 접시는 일반적으로 위치접시 service plate 왼쪽에 놓고 호텔 등에서는 위치접시 위쪽에 놓는다.

⑧ 글래스웨어 glasswre는 위치접시 위쪽에 놓는다.

⑨ 냅킨은 일반적으로 위치접시 위에 세팅하지만 위치접시 왼쪽에 놓는 경우도 많다.

2) 정찬 테이블(formal setting)

품격 있고 격식을 갖춘 파티에 적합한 테이블 연출 방법으로, 엄격한 프로토콜 protocol이 요구되는 국가 간 외교행사와 웨딩테이블 연출 등에서 볼 수 있다. 정찬 테이블에서 커틀러리는 식사가 끝나면 모두 정리한 후 디저트용 커틀러리를 세팅하지만, 호텔 결혼식이나 리셉션의 경우에는 위치접시 위쪽에 디저트용 커틀러리를 세팅해 놓는다.

● 테이블 세팅법

① 테이블클로스의 기본은 흰색 면직물로 테이블에서 30cm 정도 떨어지게 깐다. 테이블클로스를 깔기 전에 언더클로스를 깔아 클로스가 움직이거나 식기의 소리가 나지 않도록 한다.

② 센터피스는 꽃이나 피규어 등을 놓는다. 꽃으로 장식할 때에는 앞사람의 얼굴이 보이는 높이의, 향이 진하지 않은 꽃을 사용하고 어떤 각도에서 보아도 아름답게 장식한다.

③ 공유 식공간 public space에 초를 상황에 맞게 장식한다.

④ 소금통, 후추통은 한 세트로 하여 사람들의 손이 닿을 수 있는 곳에 놓아둔다.

1 위치접시 service plate 2 빵 접시 bread plate 3 테이블나이프 table knife 4 테이블포크 table fork 5 생선용 나이프 fish knife 6 생선용 포크 fish fork 7 오더블 나이프 hors-d'œuvre knife 8 오더블 포크 hors-d'œuvre fork 9 테이블스푼 table spoon 10 디저트 포크 dessert fork 11 디저트 나이프 dessert knife 12 디저트 스푼 dessert spoon 13 커피 스푼 coffee spoon 14 버터나이프 butter knife 15 화이트와인 글래스 white wine glass 16 레드와인 글래스 red wine glass 17 고블릿 goblet 18 샴페인 글래스 hampagne glass 19 냅킨 napkin

⑤ 위치접시는 자리를 결정하기 위한 접시로 테이블에서 3cm 떨어진 곳에 세팅한다.

⑥ 커틀러리는 정찬일 경우 디저트용 커틀러리까지 전부 나열할 필요가 있지만, 그렇지 않을 때는 필요한 것만 세팅하여 두고 추가로 나열하는 방법이 있다. 포크는 3개 이상 나열하지 않고 3개 이상 필요한 경우는 요리 접시와 함께 제공한다.

⑦ 빵 접시는 위치접시 왼쪽에 놓고 그 위에 버터 접시를 놓는다. 버터 접시는 인원수에 맞게 세팅하지 않아도 된다.

⑧ 글래스웨어는 화이트와인, 레드와인, 샴페인 글래스, 고블릿 등을 나열한다. 식후주인 브랜디 글래스 등은 처음부터 놓아두지 않는다.

⑨ 냅킨은 위치접시 위에 두며 정찬 테이블의 경우 사람의 손길이 많이 가는 복잡하게 접는 방법은 사용하지 않는 것이 좋다. 위치접시 위에 두지 않을 때에는 포크 왼쪽에 둔다.

영국식 정찬 테이블 연출

영국식 테이블 연출은 권위적인 클래식 스타일로 글래스는 일직선으로 세팅하며 커틀러리도 테이블 선에 맞추어 일직선으로 평행하게 위를 향하도록 세팅한다.

1디너접시 dinner plate 2냅킨 napkin 3빵 접시 bread plate 4버터나이프 butter knife 5테이블나이프 table knife 6테이블포크 table fork 7생선용 나이프 fish knife 8생선용 포크 fish fork 9테이블스푼 table spoon 10오더블 나이프 hors-d'œuvre knife 11오더블 포크 hors-d'œuvre fork 12고블릿 goblet 13레드와인 글래스 red wine glass 14화이트와인 글래스 white wine glass 15샴페인 글래스 champagne glass

프랑스식 정찬 테이블 연출

프랑스식 정찬 테이블은 서양의 대표적인 테이블로, 엘레강스한 스타일이 특징이다. 커틀러리는 뒷면에 아름다운 조각이 들어가 있는 것이 많기 때문에, 이를 보이기 위하여 뒤집어 놓는다. 또한 이는 공격적이지 않다는 의미를 나타낸다는 설도 있다. 프랑스식 커틀러리 세팅법은 영국식과 같이 테이블

선에 맞추어 평행하게 세팅하거나 포크 · 나이프 아래의 선이 우아하게 곡선을 이루도록 세팅하기도 한다.

1 디너접시 dinner plate 2 냅킨 napkin 3 빵 접시 bread plate 4 버터나이프 butter knife 5 테이블나이프 table knife 6 테이블포크 table fork 7 생선용 나이프 fish knife 8 생선용 포크 fish fork 9 테이블스푼 table spoon 10 오더블 나이프 hors-d'œuvre knife 11 오더블 포크 hors-d'œuvre fork 12 고블릿 goblet 13 레드와인 글래스 red wine glass 14 화이트와인 글래스 white wine glass 15 샴페인 글래스 champagne glass

● 정찬 테이블 착석법

착석법은 테이블의 크기와 형태, 방에 있는 테이블의 위치에 따라 달라진다. 일반적으로 호스티스 hostess는 입구에서 먼 중앙에 앉고, 그 오른쪽에 당일의 주빈 남성이 앉는다. 초대한 측의 호스트 host는 호스티스 hostess와 맞은편에, 입구에서 가까운 좌석에 앉으며 그 오른쪽에는 주빈의 부인이 앉는다.

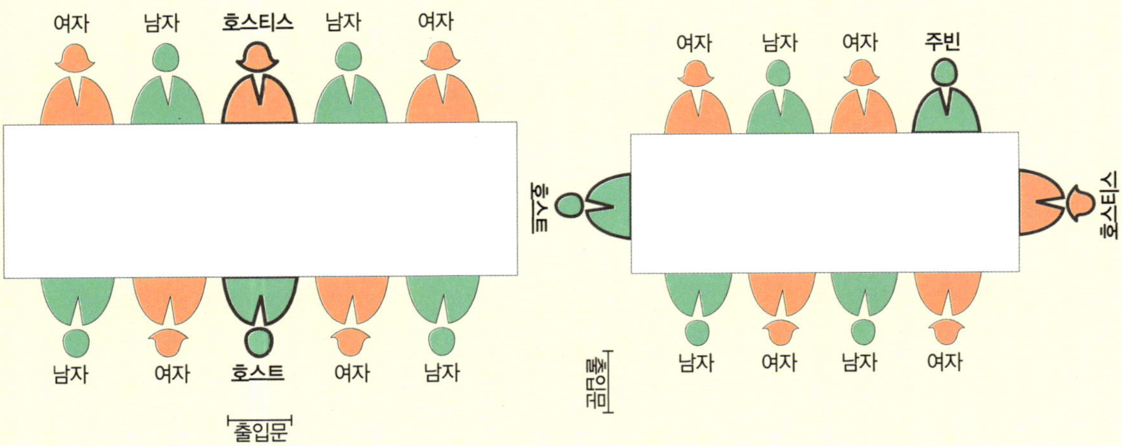

3) 티 테이블(tea table)

티 테이블 연출은 영국식이 기본이 된다. 티 테이블은 디너보다 가볍게 친구나 손님을 초대하는 것이 가능하다. 티와 함께 세팅되는 쿠키는 나라에 따

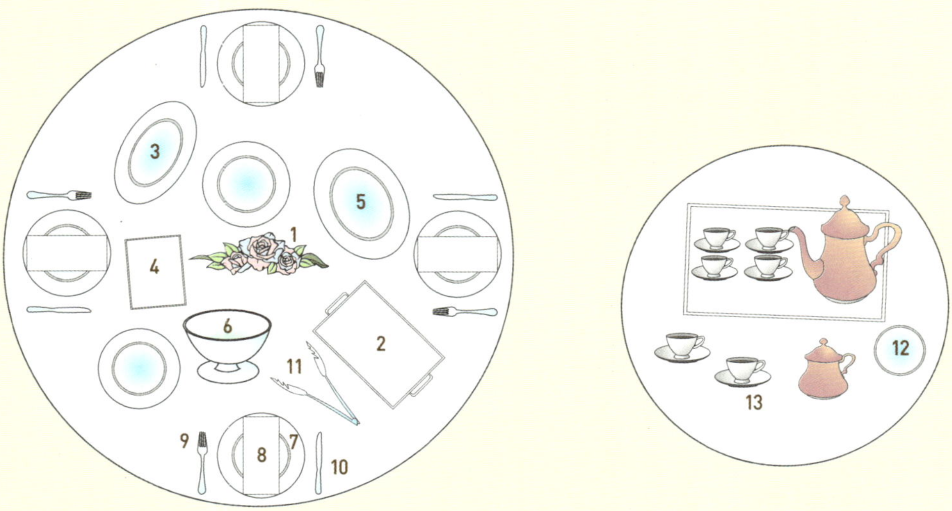

티 테이블 세팅

1꽃 2샌드위치 3쿠키 4과일 5쿠키 6초콜릿 7케이크 접시 cake plate 8냅킨 9케이크 나이프 cake knife 10케이크 포크 cake pork 11집게 tongs 12퇴수기 13티 잔

라 다르지만 먹기 쉽게 작게 만들어서 내놓는 것이 좋다. 격식이 있는 티 테이블에는 포트와인이나 아이스크림을 내는 경우도 있다.

메뉴로는 간단하게 쿠키만 내놓거나 스콘이나 오이샌드위치만 내놓아도 무방하다. 티 테이블은 직경 90cm 정도의 것이 좋으며, 준비할 때는 디너 테이블에 비해 냅킨과 꽃을 작게 장식한다. 티 테이블에는 보통 3단 케이크 스탠드를 준비해 1단에는 샌드위치, 2단에는 케이크, 3단에는 쿠키를 담아내는데 가정에서는 2단이나 접시를 여러 개 사용해도 무방하다.

차는 호스티스가 손님 앞에서 만들며 테이블에서 컵은 오른쪽, 케이크는 왼쪽에 놓는다. 시간은 오후 2~4시에 하는 것이 일반적이다.

● 테이블 세팅법

① 티 테이블은 언더클로스 under cloth를 깔고 위에는 우아한 테이블클로스 table cloth를 깐다. 티용 테이블클로스 table cloth는 엘레강스한 재질이 많다.

② 사이드 테이블이나 왜건 wagon에 티세트를 놓는다.

③ 티 트레이 위에 도일리 doily를 깐다.

④ 가까운 곳에 뜨거운 물을 준비해두고 찻잎을 버리는 그릇을 준비하여 둔다. 미리 포트에 차를 넣고 식지 않도록 티코지 tea cozy로 덮어둔다. 차를 준비하기 쉬운 장소에 호스티스가 착석한다.

⑤ 케이크 접시를 자리에 놓고 잘라서 먹어야 할 경우에는 오른쪽에 케이크 나이프를, 왼쪽에 케이크 포크를 세팅하여 둔다. 나이프가 특별히 필요 없는 경우는 세팅하지 않는다.

⑥ 쿠키를 내놓을 때 2단 또는 3단의 케이크 스탠드를 사용한다.

● 티 테이블 착석법

손님 전원에게 차를 따르는 역할은 호스티스 hostess가 맡는 것이 무난하다. 그러므로 사이드테이블 옆에 호스티스가 앉고, 반대편에 호스티스를 보좌해 주는 사람이 착석한다. 호스티스 오른쪽에는 그날의 주빈이 앉는다.

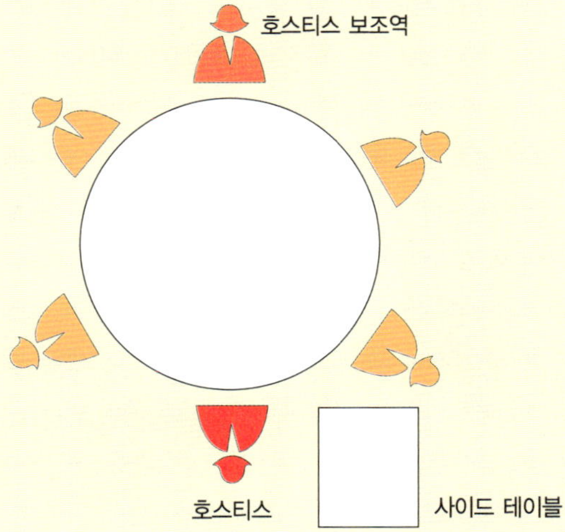

4) 뷔페 테이블(buffet table)

뷔페 상차림은 좁은 공간에서 많은 손님을 대응할 수 있어 편리한 상차림으로 입구에서 떨어진 벽 쪽에 테이블을 배치하고 접시, 포크, 냅킨, 글래스웨어 glassware를 모아서 세팅한다. 반드시 서브용 스푼과 포크, 젓가락을 놓고, 가능하면 디저트와 음료는 별도의 테이블에 세팅하는 것이 좋다. 사람이 많고 방이 넓은 경우는 방 중앙에 테이블을 놓고 양방향으로 세팅하면 사람들의 움직임이 좋아진다. 뷔페에서 가장 중요한 매너는 음식을 적당량 취하고 음식이 놓여 있는 테이블에서 떨어진 다른 곳으로 이동하여 담소를 나누는 것이다. 자신이 덜어온 음식은 전부 먹은 다음 다시 새 접시에 음식을 가져다 먹고 가능한 한 음식을 남기지 않도록 한다.

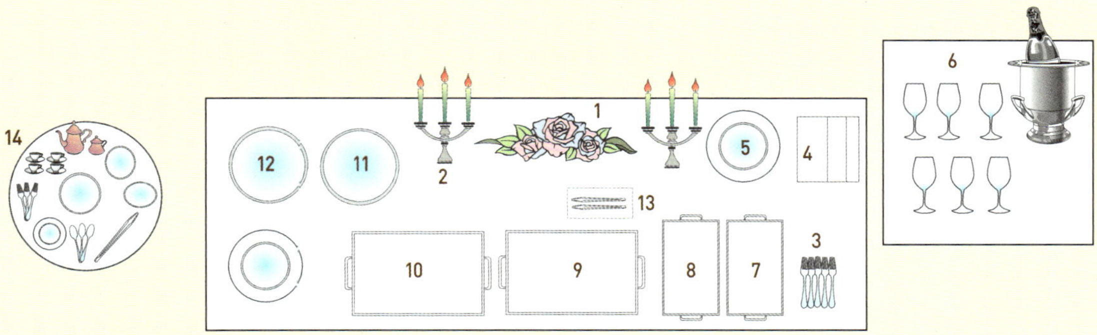

뷔페 테이블 세팅의 예

1센터피스 2캔들 스탠드 3테이블포크 4냅킨 5그릇 6와인과 와인글래스 7오더블 8생선 조개요리 9육류요리 10채소요리 11샐러드 12빵 또는 필라프 pilaff 13서버 server 14디저트 테이블

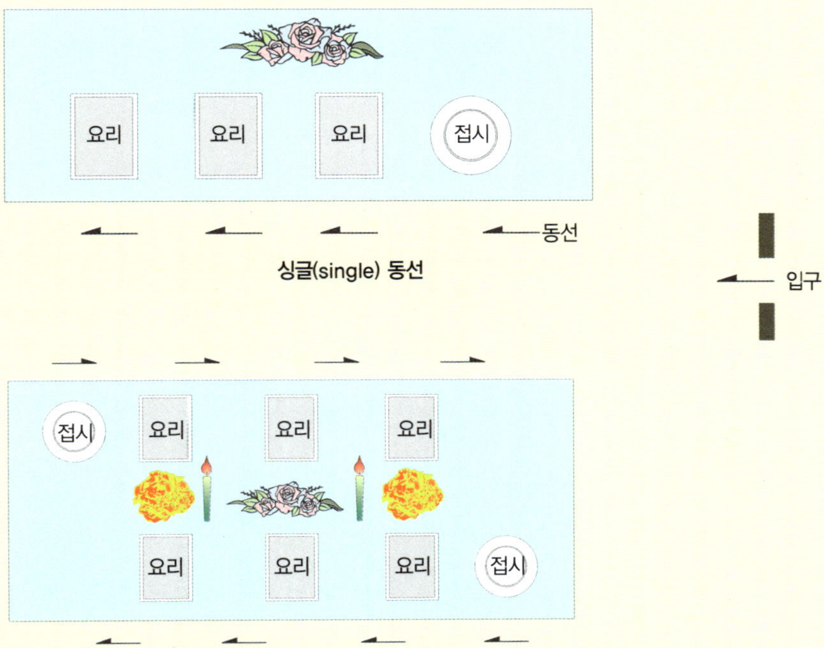

동선별 뷔페 테이블 연출

테이블 세팅법

① 뷔페의 경우 바닥까지 내려오도록 테이블클로스를 깐다.

② 꽃은 테이블의 중앙에 높고 크게 그리고 화려하게 놓는다.

③ 센터피스의 좌우에 캔들을 놓는다.

④ 센터피스의 앞에 메인 음식을 놓는다. 방의 상황에 따라서 오른쪽 또는 왼쪽으로 디너 코스에 따라 배열한다.

⑤ 와인은 사이드테이블에 놓고 술의 종류는 가정에서는 2종류 정도 내놓는다. 술 서비스는 호스트가 하며 소프트드링크의 준비도 필요하다.

⑥ 호스티스는 테이블 안쪽에 서서 요리가 부족하면 내어놓고 초대한 손님이 편하게 즐기고 있는지 주의를 기울인다.

⑦ 디저트 후 커피나 티는 호스티스가 준비한다.

⑧ 가능하면 디저트용의 왜건 wagon이나 커피 테이블을 준비해서 디저트는 따로 준비하는 것이 좋다.

⑨ 덜어서 먹는 접시는 겹쳐놓고 커틀러리는 포크 또는 젓가락, 냅킨을 준비해 둔다.

⑩ 싯다운 뷔페 sit-down buffet의 경우 착석할 수 있는 테이블에 위치접시와 커틀러리를 세팅해 놓기도 한다.

⑪ 뷔페 메뉴는 흘리기 쉬운 수프류나 먹기 어려운 음식, 덜어 먹기 어려운 음식은 피한다.

CHAPTER 08

식공간에서의 테이블 매너

매너 manner의 라틴어 '마누아리우스 manuarius'는 '마누스 manus'와 '아리우스 arius'에서 나온 말이다. 마누스는 원래 '손'을 뜻하는데, 행동이나 습관이라는 의미로 발전되었으며, 아리우스는 '방법' 또는 '방식'을 의미한다. 따라서 매너는 사람마다 갖고 있는 독특한 행동 방식을 의미하며, '매너를 지키다'라는 표현보다 '매너가 좋다', '매너가 나쁘다'의 표현을 사용한다.

테이블 매너란 다 함께 어울려 유쾌하고 편안한 식사 분위기를 만들기 위해 서비스를 받는 사람이 지켜야 할 최소한의 행동방식이다. 즉, 식사하는 사람 모두가 즐겁게 식사하기 위한 서로의 행동 약속으로 볼 수 있다.

음식의 맛은 식재료나 요리하는 사람에 따라 결정되지만 식사의 분위기는 식사하는 사람들의 매너 수준에 따라 달라질 수 있으므로 테이블 매너를 익히는 것이 중요하다.

1. 일반적인 테이블 매너

1) 예약

원하는 시간에 원하는 장소에서 식사를 하기 위해서는 사전에 예약을 해야 한다. 예약할 때는 이름과 날짜, 인원수와 연락처를 남긴다. 필요한 경우에는 좌석의 위치를 미리 확인하고 각종 기념일이나 특별한 날에는 별도의 서비스를 받을 수 있는지 확인한다. 예약시간을 지키고 시간이 많이 걸리는 음식은 미리 주문하도록 하여 식사시간에 차질이 없도록 한다. 사정에 의해 변경 사항이 있을 경우에는 레스토랑에 연락해 사전에 알려주도록 한다.

2) 입장과 착석

레스토랑에 도착하면 예약 여부를 체크한 후 안내를 받아 자리로 이동하며, 웨이터가 없을 때는 남자가 여성의 의자를 빼주고, 여성은 고마움을 표시하고 왼쪽으로부터 의자 앞으로 가서 상체를 세우고 의자 깊숙이 앉도록 한다.

양손은 큰 접시를 사이에 두고 식탁에 가볍게 앉으며 여성의 핸드백은 의자의 등받이가 있으면 등받이와 허리 사이에 놓고, 등받이가 없는 경우에는 옆의 빈 좌석에 두거나 오른쪽 의자 다리 옆에 놓는다.

냅킨은 모두 착석한 뒤에 초대한 사람이 먼저 편 다음 무릎 위에 펴야 하며, 반으로 접혀진 쪽을 자기 앞으로 향하게 한다. 냅킨을 와이셔츠나 윗옷의 목 부분에 걸치는 것은 열차나 기내 식당 같이 흔들리는 장소에서 식사를 할 때 하는 행동이므로 일반 식당에서는 삼가도록 한다.

3) 주문

초대를 받았을 경우, 너무 비싼 요리를 주문하거나 무조건 가장 저렴한 요리를 주문하는 것은 상대에 대한 매너에 어긋날 수 있으므로 적절한 가격대에서 선택한다.

웨이터를 부를 때는 손을 가볍게 들어서 표시하고 요리 주문 시 잘 모를 경우에는 웨이터의 도움을 받는 것이 좋다. 비즈니스 목적으로 식사할 때에는 가시가 많은 생선이나 가재, 게 등 먹기 불편한 음식은 삼가는 것이 좋다.

4) 식사 중 매너

식탁에서 한 사람이 차지하는 폭은 약 65~75cm 정도이기 때문에 식탁에 앉았을 때 팔꿈치를 너무 옆으로 뻗지 않도록 하고, 식탁에 앉아서 팔짱을 끼는 것은 식사예절에 어긋나는 행동이므로 삼간다.

테이블에 앉아 다리를 꼬거나 펼 때 식탁을 치면서 수프나 음료를 엎지르거나 혹은 타인의 발을 건드릴 위험이 있으므로 조심한다.

우리나라의 경우 식사 시 음식물이 입안에 있는 상태로 대화를 하게 되면 예의에 어긋나는 행동이므로 큰소리로 말을 많이 해서는 안 되며, 입을 다물고 음식을 꼭꼭 씹도록 한다. 서양의 경우 아무런 대화도 하지 않고 식사만 하는 것은 서로에게 부담을 줄 수 있기 때문에 이야기를 주고받으면서 즐겁게 대화를 나누는 것이 자연스럽다. 식사 도중에는 상대방의 식사 속도에 맞춰 먹도록 하며 화제를 꺼내거나 상대방의 질문에 대답할 때에는 커틀러리를 잠시 아래에 내리고 얘기한다. 상대가 입에 음식을 넣었을 때는 말을 건네지 않으며, 식사하는 도중에 식기를 치우거나 식기를 포개어 쌓아두지 않도록 한다.

서양에서는 빵을 손으로 집어 먹기 때문에 식사하는 도중에 손으로 얼굴을 만지지 않도록 하고, 입에 음식물이 있을 때는 음료를 마시거나 다른 음식을 먹지 않도록 한다. 좌석에서 멀리 있는 기물이나 양념통을 사용할 때는 팔을 뻗지 말고 옆 사람에게 부탁한다. 대화하는 도중에 웨이터가 서브할 경우 일단 대화를 멈추도록 한다. 서브하는 방향은 음료는 앉아 있는 사람의 오른쪽으로, 식사는 왼쪽으로 제공한다.

나이프나 포크로 물건이나 사람을 가리키지 않아야 하며, 다른 사람의 실수는 못 본 척하는 것이 예의이다. 식사 중에 나이프와 포크를 잠시 놓아둘 때는 나이프와 포크 끝부분을 접시 위에 걸쳐놓고 손잡이 부분은 테이블 위에 팔자 형으로 놓는다.

중국에서는 음식 대접을 받으면 일부러 트림을 하여 잘 먹어 만족스럽다는 표시로 삼고 있으나, 서양의 경우 식탁에서의 트림은 금기사항이므로 하지 않도록 한다.

식사 중의 나이프와 포크 놓는 방법

식사가 끝났을 때의 나이프와 포크 놓는 방법

냅킨 사용 방법

냅킨은 전원 착석 후 첫 요리가 나오기 직전에 펴며, 이때 반으로 접어 접혀진 쪽이 안으로 놓이도록 무릎 위에 올려놓는다. 세팅되어 있는 냅킨을 털듯 펴지 않도록 주의한다. 식사 전 기도나 건배를 제의받았을 때에는 냅킨을 펴지 않는다. 테이블 위에 냅킨을 올려놓고 자리를 비우는 것은 식사가 끝났음을 나타내므로, 식사 중 잠시 자리를 비울 때는 냅킨을 접어 의자 위에 올려놓는다. 냅킨은 옷에 음식을 흘리는 것을 막기도 하지만 식사 후 입을 닦을 때도 사용한다. 그러나 냅킨을 불필요하게 만지거나 코를 풀거나 얼굴의 땀, 안경 등을 닦지 않도록 한다. 기내식과 같이 작은 공간에서는 편의를 위해 사용할 때를 제외하고는 목에 걸지 않도록 한다.

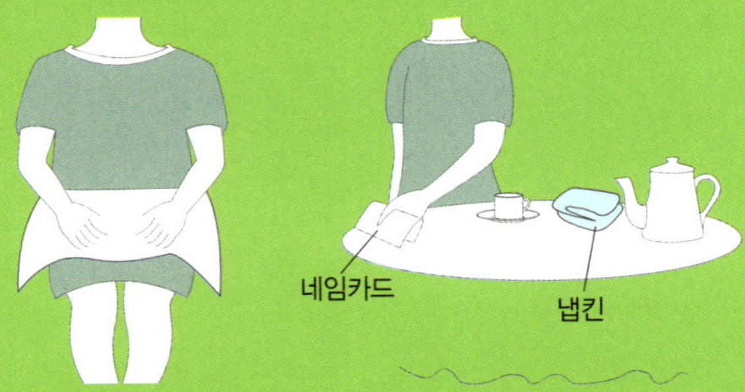

5) 식사 후의 매너

식사가 끝나면 나이프는 바깥쪽, 포크는 안쪽으로 접시 위에 나란히 놓는다. 이때 나이프의 날은 자신 쪽으로 향하게 하고, 포크는 등을 밑으로 한다. 식사 후 냅킨은 의자 위에 놓지 않으며 일어날 때 테이블 위의 한쪽에 두면 된다.

6) 계산

계산은 커피나 식후주를 거의 다 마셨을 때 앉은 자리에서 한다. 미국의 경우 팁은 보통 식사 요금의 10~25%로, 계산을 마치고 영수증을 받을 때 자연스럽게 준다. 여성이 초대한 식사일지라도 계산은 남성이 하는 것이 원칙이므로, 여성이 계산할 경우 돈을 미리 남성에게 건네어 계산하도록 한다.

2. 상황별 테이블 매너

● 식사 도중에 자리를 비울 경우

화장실은 식사 전에 미리 다녀오는 것이 좋고 식사 중 음료나 맥주의 과음은 삼가도록 한다. 식사 중에는 되도록 자리를 지키는 것이 좋으며 잠시 자리를 비울 경우에는 양해를 구하고 냅킨을 적당히 접어 의자에 둔 채로 자리를 잠깐 비워야 한다.

● 기침과 코풀기

기침이나 재채기를 할 경우 손수건으로 가리고 하고, 급할 경우에는 냅킨을 이용한다. 우리나라와 달리 서양 식탁에서는 가볍게 코를 푸는 것은 무방하며 이때는 냅킨 대신 자신의 손수건이나 종이냅킨을 이용하고, 계속해서 코나 재채기가 멈추지 않을 경우 양해를 구하고 잠시 자리를 이동하는 것이 좋다.

● 이물질이 목에 걸렸을 경우

사람들의 이목이 집중되지 않도록 주의하면서 일단 혀를 이용해서 밀어내거나 물을 마시거나 냅킨으로 가린 채 기침을 하도록 한다.

● 음식, 음료의 거절

가정에 초대받았을 경우에는 처음 제공되는 음식은 사양하지 않는다. 음식을 남기는 것은 예의에 어긋나므로 남기는 것보다 거절하는 것이 낫다. 와인을 거절할 경우 와인 잔 입구 가장자리에 손을 가볍게 올리면 된다.

● 식사 도중 아는 사람을 만난 경우

식사 중일 때는 간단한 인사만 한다. 그러나 아는 사람이 동반한 여성을 소개할 경우에는 반드시 일어서야 하며 여성이 여성을 소개받을 경우 소개받은 여성이 연상인 경우에는 일어선다. 남자끼리 악수하게 될 때는 일어나서 하도록 한다.

3. 식사 형태별 테이블 매너

1) 양식의 테이블 매너

서양요리는 좌석 배치에 따라 상석부터 가장 먹기 좋은 온도일 때 제공한다. 윗사람과 식사하는 경우에는 윗사람이 포크와 나이프를 잡은 후에 먹기 시작하는 것이 예의이다.

먼저 음식이 나오면 식탁에 놓여 있는 포크와 나이프는 바깥쪽에서부터 안쪽의 순서로 사용하고 포크는 왼손에서 오른손으로 옮겨 잡아도 괜찮지만, 나이프는 오른손으로만 사용하는 것이 예의이다.

(1) 식전주

식전주는 타액이나 위액의 분비를 활발하게 하기 위해 자극적인 것이 좋으며, 식욕을 촉진하기 위해 찬 것이 준비되는 경우가 많다. 차게 마시는 식전주의 경우 글래스를 감싸듯 잡으면 체온으로 술의 온도가 변하기 때문에 글래스의 목 부분stem을 잡도록 한다.

식전에 마시는 와인은 아페리티프aperitif라고 하며, 대표적인 식전주에는 맛이 담백한 스페인산 백포도주인 셰리Sherry주가 있다. 스페인에서는 셰리 와인을 헤레스Jerez라고 하는데, 이는 주 생산지인 헤레스 데 라 프론테라 Jerez de la Frontera 지방의 이름에서 따온 것이다. 크림 셰리와 드라이 셰리가 있는데, 크림 셰리는 여성에게 드라이 셰리는 남성에게 각각 잘 어울린다. 정식 만찬에서는 백포도주에 여러 가지 약초와 향초 등을 가미한 베르무트 vermouth를 셰리주와 함께 식전주로 마신다.

또한 식전주로 애용되고 있는 키르kir는 디종시 시장(市長)을 지낸 캐농 패릭스 키르Canon Félix Kir라는 이름에서 유래된 것으로, 부르고뉴 지방 특산물인 신맛이 강하고 씁쌀한 와인을 보다 맛있게 즐기기 위해 만들어 마시기 시작하였다. 키르는 크렘 드 카시스creme de cassis라고 하는 리큐어에 백포도주를 혼합한 것이고, 와인 대신 샴페인을 혼합하면 키르 로열kir royal이 된다.

위스키whiskey는 원래 식후주이나 최근에는 식전에 마시는 경우가 많다. 위스키는 알코올 함량이 높으므로 물이나 소다수로 희석하여 마시도록 한다.

식전주는 한두 잔 정도가 적당하며 식사 전에 너무 마셔 취하는 일이 없도록 한다. 술을 마시지 못하는 사람은 알코올 성분이 없는 진저에일ginger ale (생강을 주로 한 탄산음료)이나 주스 등을 마시는 것이 예의이다.

(2) 전채요리

식욕을 촉진하는 음식으로 프랑스에서는 오르되브르hors-d'œuvre라 하며, 영국과 미국에서는 애피타이저appetizer라고 한다. 단맛보다는 신맛, 짠맛을 곁들이는 게 좋으며 다음 코스인 생선 및 육류 요리를 즐기기 위해 조금만 먹어야 한다. 각자 자신이 먹을 만큼 덜어 먹으며, 세팅되어 있는 실버웨어 중 가장 바깥쪽에 놓여 있는 포크와 나이프를 사용하면 된다.

우리나라는 여러 사람이 함께 식사할 때 모든 요리가 다 나오기 전에 먹는 것은 예의에 어긋나는 것으로 생각하지만, 서양요리에서는 요리가 나오는 대로 바로 먹기 시작하는 것이 매너이다.

(3) 수프

일반적으로 음식은 왼쪽에서, 음료와 술은 오른쪽에서 서브되는데 수프는 음식이므로 왼쪽에서 서브된다. 따라서 수프는 들고 마시는 것이 아니라 스푼으로 떠서 먹어야 하는데, 스푼의 떠먹는 부분을 입안으로 다 집어넣지 않도록 한다. 뜨거운 수프가 제공될 때는 우선 스푼으로 조금 떠서 맛을 본 후, 입으로 불어가며 식히는 행동은 피하고 스푼으로 저어서 식혀가며 먹도록 한다. 또한 스푼으로 뜬 수프는 스푼 위에서 여러 번 나누어 먹는 것을 피하고 한입에 먹도록 한다. 수프를 먹을 때는 자기 앞쪽에서 바깥쪽으로 떠먹는 미국식과, 반대로 바깥쪽에서 앞쪽으로 떠먹는 유럽식 방법이 있다. 다 먹은 후 스푼의 손잡이를 오른쪽으로 향하게 하여 수프 그릇에 그대로 올려놓는다.

(4) 빵과 버터

빵은 테이블에 놓여 있더라도 처음부터 먹지 않도록 한다. 빵은 음식을 먹은 후 음식의 맛이 남아 있는 혀를 깨끗이 하여 미각에 신선함을 주기 위해 먹는 것이기 때문에, 메인 음식과 함께 시작해서 디저트 먹기 전에 끝내는 것이 좋다.

빵을 먹을 때는 한입으로 먹을 수 있는 크기로 빵을 뜯어 버터를 발라 먹도록 한다. 또한 수시로 먹을 수 있기 때문에 한번에 많은 양을 가져가지 않도록 한다. 토스트 toast나 크로와상 croissant, 브리오슈 brioche 등은 아침 식사 때 주로 먹는다. 정찬의 경우에는 잼을 사용하지 않고 버터만 사용하는 것이 원칙이다.

빵은 접시 왼쪽의 것이 자신의 것이므로 오른쪽에 있는 빵 접시를 잘못 사용하는 실수를 하지 않도록 주의한다. 빵이 담긴 그릇은 자신의 앞으로 옮겨놓지 않고 중앙에 갖다 놓거나, 여성에게 먼저 건네는 것이 예의이다.

빵을 손으로 자르다 보면 빵 부스러기가 떨어지기 쉬우므로 되도록 빵 접시 위에서 자르도록 하고, 테이블 위에 부스러기가 떨어졌어도 손으로 털어내지 않는다.

(5) 생선요리

대개의 경우 뼈를 제거한 살 부위만 제공되므로 포크와 나이프를 사용하여 먹으면 된다. 생선을 먹을 때는 나이프를 펜을 쥐듯이 세워 나이프 손잡이 부분이 엄지와 검지 사이로 나오게 쥔다.

통째로 구워진 생선요리가 나오면 포크로 머리 부분을 단단히 누른 다음 나이프로 머리 등 쪽에서부터 포를 뜨듯 살 부분만 도려내어 먹는다. 생선 위쪽을 다 먹은 후 뒤집지 말고 그대로 나이프를 이용하여 뼈를 발라낸 후, 뼈는 접시의 왼쪽 위쪽에 가지런히 놓아두고 아랫부분을 먹는다.

생선가시는 입안에서 혀로 밀어내어 입을 가리고 뱉은 것을 포크로 받은 후 접시에 놓아야 하며, 뱉거나 손가락으로 집어내지 않도록 한다.

(6) 셔벗(sherbet) · 소르베(sorbet)

생선요리와 육류요리 사이에 제공되는 것으로 다음 코스의 식사를 위해 입안을 산뜻하게 하고 미각을 새롭게 하기 위한 코스이다. 대개 다리가 긴 글래스에 담겨져 나오므로 왼손으로는 다리부분을 잡고 오른손으로는 디저트용 스푼을 이용해서 떠먹으면 된다.

(7) 육류

메인 코스의 기본은 쇠고기이다. 그러나 여러 가지 문화적 · 종교적 배경에 의해 쇠고기를 섭취하지 못하는 경우가 있으므로, 식사 주문 시 혹은 식사 준비 시에 상대방의 취향을 반드시 배려해야 한다. 또한 스테이크는 굽는 정도에 따라 맛이 결정되므로 잘 선택하여 먹도록 한다. 스테이크를 한번에 잘게 잘라 놓고 먹으면 육즙이 전부 흘러내려 맛이 떨어질 뿐 아니라 빨리 식기 때문에 맛이 없어지므로 잘라가며 먹는 것이 좋다. 스테이크를 접시에 담을 때 고기의 결이 위에서 아래로 향하도록 담기 때문에 스테이크를 자를 때는 접시의 바깥쪽부터 안쪽, 세로방향으로 자르도록 한다. 닭다리를 먹을 때는 손으로 들고 먹지 않도록 하고, 포크와 나이프로 살을 발라내어 먹는다.

(8) 샐러드와 스테이크

영국인이나 미국인은 샐러드를 고기와 같이 먹거나 그 전에 먹는 반면, 프랑스인들은 육류요리가 끝난 후 먹는다. 잎이 큰 것은 접어서 먹고 나이프로 잘라먹기도 하지만, 정식으로 샐러드를 먹을 때에는 커팅하지 않는다.

샐러드, 고기, 생선 등에 뿌리는 소스를 드레싱 dressing이라고 한다. 일반적으로 드레싱은 샐러드 위에 직접 뿌리지만 진한 소스는 샐러드에 직접 뿌려 먹지 않고, 접시 한쪽에 덜어놓은 후 먹을 때마다 찍어 먹고 두 가지 이상의 소스는 섞어 먹지 않도록 한다.

(9) 디저트

디저트의 어원은 프랑스어 '데세르비르 desservir'로 '치우다' '정리하다'라는 뜻이다. 프랑스의 디저트는 케이크, 치즈, 푸딩, 무스 등의 부드러운 디저트 후에 초콜릿과 같은 달콤하고 단단한 디저트가 나온다. 디저트로 제공되는 과자류는 보통 부드러운 것으로 제공하고, 과일은 수분이 많은 과일을 사용한다.

(10) 커피

커피를 마실 때는 엄지와 검지로 손잡이를 가볍게 잡고 마신다. 식후에 제공하는 커피는 통상 적은 양의 진한 커피로 에스프레소 espresso 혹은 데미타스 demitasse라고 한다.

커피에 알코올 성분을 가미한 아이리시 커피 irish coffee(커피에 아이리시 위스키를 넣고 생크림 얹은 것)와 카페 로열 cafe royal(커피에 꼬냑과 오렌지 향을 가미한 것) 등은 식후주와 커피 맛을 함께 맛볼 수 있다.

(11) 식후주

디제스티프 digestif라고도 하며, 식전주가 식욕 촉진을 위해 마신다면 식후주는 소화와 입가심을 위해 마시는 술이라고 할 수 있다. 식후주로 남성은 브랜디를, 여성은 리큐어를 주로 마신다. 그 외에 아모르 amor, 레몬첼로

limoncello(리몬첼로라고도 함), 그라파 grappa 등이 있다.

2) 한식의 테이블 매너

(1) 상차림 예절

상차림은 먹는 사람이 편하게 느낄 수 있도록 차리고 밥은 먹는 사람의 왼쪽에, 국은 오른쪽에 배치한다. 간장, 고추장 등 기본 조미료는 상의 중앙이나 먹는 사람에게 가까이 배치하고 개인용을 따로 놓기도 한다.

국물이 있는 음식은 오른손을 쓰는 사람 기준으로 손님의 오른쪽에 식지 않고 먹기 쉽도록 가깝게 놓고, 국물이 없는 음식은 멀리 놓는다. 부피가 작은 것은 가까이 놓고, 부피가 크고 많은 것은 멀리 놓는다.

(2) 식사 예절

식사 전에 손을 씻고 물수건으로는 손만 닦는다. 윗사람이 수저를 든 다음에 수저를 들도록 한다. 식사 중 특히 물이나 음료를 마실 때 양치질하는 소리를 내는 것은 예의에 어긋난다. 음식을 먹을 때 입안이 다른 사람에게 보이지 않도록 하고, 소리를 내거나 뜨거운 음식을 불어 먹지 않는다. 젓가락을 높이 들어서 음식을 먹거나 혀를 내밀어 음식을 먹지 않도록 한다. 음식이 입에 있을 때 웃어른이 질문하여 말을 해야 할 때에는 먹던 것을 삼키고 대답하며, 윗사람이 식사 중일 때 먼저 일어나서는 안 된다.

식사 후에는 "잘 먹었습니다"하고 인사를 한다.

(3) 다과 예절

손님에게 차를 대접할 때는 준비된 차의 종류를 말한 후 어떤 차를 원하는지 의견을 묻는다. 탁자 위에 차를 올릴 때는 쟁반을 탁자 위에 먼저 내려놓고 두 손으로 찻잔 받침을 들어 손님에게 놓도록 한다.

찻잔의 손잡이는 손님이 바라보는 왼쪽으로 놓고, 찻숟가락은 찻잔의 오른쪽에 놓는다. 이는 찻숟가락과 찻잔의 손잡이가 부딪치는 것을 피하기 위한 것이다. 찻숟가락으로 저은 뒤 잔 뒤쪽에 찻숟가락을 놓고 찻잔의 손잡이를 오른쪽으로 돌린 후 차를 마신다.

손님이 차를 다 마시면 빈 잔은 즉시 치우며 손님의 바로 앞에서는 자신의 뒷모습을 보이지 않도록 한다. 설탕이나 우유를 담는 그릇의 뚜껑을 열 때는 뚜껑의 속이 바닥에 닿지 않도록 뒤집어 놓고 찻숟가락이나 찻잔이 부딪치는 소리가 나지 않도록 한다.

오른손으로 손잡이를 들고 왼손으로 찻잔 밑을 받치듯이 잔을 들고 마시며 홀짝이는 소리를 내지 않아야 한다. 뜨겁다고 "후"하고 불거나 찻숟가락으로 마시지 않는다. 다 마시면 찻잔을 조금 뒤쪽으로 미뤄 놓으며 "잘 마셨습니다"라는 인사를 한다.

CHAPTER 09

파티 기획과 식공간연출

1. 파티문화의 이해

우리나라도 이제 곳곳에서 수많은 파티가 낯설지 않게 열리고 있으며 각기 다른 장소에서 각각의 테마에 맞는 음악과 음식, 주류, 이벤트 등을 즐기는 경우가 많아졌다.

어원적인 의미로 살펴보면 '부분으로 나누다' 란 중세영어 'partie' 에서 유래되어 '한 무리, 한편' 을 의미했고 나아가 '모임' 이나 '정당' 의 뜻을 지니게 되었다. 사전적 의미의 파티는 '친목을 도모하거나, 무엇을 기념하기 위한 잔치나 사교적인 모임, 연회' 로 정의할 수 있다.

파티는 많은 사람을 즐겁게 하는 하나의 문화 활동이다. 즉, 파티는 참석자들 간의 상호 교류와 교감을 형성하기 위한 것으로 예전부터 지역사회와 가족의 잔치나 모임 등에 익숙한 한국인에게도 친숙하다고 할 수 있다.

우리나라에서는 서양문화가 유입되기 시작한 개화기를 거쳐 1990년대 후반에 이르면서 제천행사, 잔치와 같이 자연적이고 유희적인 연회활동이 좀 더 대중적인 의미로 변화하기 시작하여 파티라는 새로운 문화로 발전하고 있다.

1) 파티문화의 형성 배경

(1) 경제적 발달

우리나라의 급속한 경제발전은 개인의 생활양식 변화에 많은 영향을 주었다. 경제 수준의 향상으로 서민의 근심이었던 의식주 문제가 해결되면서 사람들은 개개인의 삶의 질을 높이기 위한 노력을 끊임없이 시도하였고 문화, 스포츠, 예술, 레저 등에 관심을 갖기 시작하면서 소수 계층의 특권으로만 여겨지던 파티에 대한 관심과 참여가 높아지기 시작됐다.

또한 매스미디어를 통해 파티플래너 party planner가 알려지면서 파티문화는 대중에게 보편화되었으며 파티 관련업체들의 활발한 활동으로 이제 파티는 누구나 즐길 수 있고, 언제든 참여할 수 있는 일종의 문화로 발전하고 있다.

(2) 서양문화의 유입

과거에는 방송에서만 볼 수 있던 다양하고 세련된 서양의 파티문화가 서양과의 다양한 국제 교류 등을 통해 알려지면서 차츰 대중들에게도 파티문화가 자리 잡기 시작하였으며, 이에 따라 차별화된 문화공간이 등장하면서 현대의 파티문화가 대중에게 급속도로 전파되고 있다.

(3) 파티문화에 대한 인식의 변화

파티는 소수만의 특정한 이벤트로, 부정적인 시각에서 바라보던 대중에게 경제 수준의 향상과 다양해진 개인의 라이프스타일 그리고 주 5일제 시행에 따른 여가활동 증가 등에 의해 새로운 인간관계를 형성하는 장으로 서서히 인식되어가고 있다.

2. 파티의 종류

일반적으로 파티 개최의 주최에 따른 관점과 파티 형식에 따른 관점으로 그 종류를 분류할 수 있다.

1) 주최에 따른 분류

(1) 기업파티

기업파티는 기업의 마케팅 또는 경영 활동을 위해 열리는 파티로 기업이 주최가 되는 파티를 말한다. 2000년대 이후 기업은 대중과의 소통을 위해 파티를 적극적으로 주관하면서부터 가장 중요한 파티의 주최자로 등장했으며, 기업의 등장으로 파티 시장은 질적 · 양적 성장을 하고 있다. 기업파티는 비즈니스를 목적으로 한 비즈니스 파티와 홍보에 주안점을 둔 콘텐츠에 초점을 맞춰 다양한 이벤트 성격이 강한 쇼케이스 파티로 구분할 수 있다.

① 론칭 파티(Launching Party)

론칭 파티는 새로운 제품, 브랜드 혹은 서비스 출시에 맞춰 제품의 광고를 위해 전개하는 파티 형식의 마케팅 활동이다. 주로 언론, 업계 관계자, VIP 고객, 오피니언 리더 opinion leader 등이 참석한다.

② VIP 파티(VIP Party)

마케팅에서 VIP 고객은 단지 부유한 사람을 지칭하는 것이 아니라 기업의 제품 또는 서비스를 보다 적극적으로, 지속적으로 사용하는 사람 즉, 헤비 유저 heavy user를 말한다. 기업 입장에서 자사의 제품을 적극적으로 사용해주는 VIP 고객에 대한 관리가 신규고객을 확보하거나 가끔씩 사용하는 고객을 관리하는 것보다 마케팅적 효율성이 높다는 것을 인식하게 되었고, 이러한 VIP들의 지속적인 소비 유지를 위해 VIP 파티를 진행한다.

③ 스태프 파티(Staff Party)

스태프 파티는 기업 내 조직원을 위한 파티이다. 조직원 관리는 기업 유지에 가장 중요한 요소이므로 스태프 파티는 조직원들의 친목과 단합, 소속감 강화 등에 가장 유용한 방법으로 활용되고 있다. 주요 스태프 파티로는 송년 파티와 신년 파티, 다양한 기념일에 열리는 기념일 파티 등이 있다.

④ PR 파티(Public Relation Party)

PR 파티는 대중과의 관계 개선을 도모할 때 주로 활용하는 파티다. 주로 주주, 정부 관계자, 시민단체 지도자, 노동조합원 등이 참석한다.

⑥ 퍼블리시티 파티(Publicity Party)

퍼블리시티 파티는 언론에 기사화를 목적으로 할 때 전개하는 파티이다. 특히 패션이나 자동차 등의 론칭 launching 파티를 하는 경우 두 번으로 나누어 한 번은 언론사 기자들을 대상으로 파티를 열고, 또 한 번은 VIP를 포함한 관련 인사들을 초청하여 파티를 하게 된다. 이때 기자들을 상대로 하는 파티를 퍼블리시티 파티라고 한다.

⑦ 프레젠테이션 파티(Presentation Party)

발표회를 뜻하는 PT는 기업 공개가 활성화되면서 투자자들을 대상으로 한 IR Investor Relation PT 파티가 가장 대표적인 형태라고 할 수 있다. 최근에는 소비자들을 대상으로 한 세미나, 심포지엄과 같은 PT형 파티들도 활발히 전개되고 있다.

(2) 개인파티

개인은 파티 시장에서 가장 큰 비중을 차지하고 있는 대상이다. 개인파티는 참가자를 중심으로 가족과 친지를 대상으로 하는 파티와, 사회적 관계인들을 대상으로 하는 사교 파티로 나눌 수 있다.

① 어린이 파티(Kids Party)

어린이 파티는 개인 파티시장에서 가장 먼저 활성화된 파티이다. 최근에는 아이들이 집 이외의 장소를 빌리고 친구들을 초대하여 생일파티를 하는 경우가 많아졌으며, 축하 파티, 돌잔치, 백일잔치 등도 예전의 가족 중심 잔치형태에서 벗어나 이벤트를 열어주는 젊은 부모들의 수요가 점점 늘어나고 있는 실정이다.

② 웨딩 파티(Wedding Party)

결혼은 개인에게 가장 소중한 순간이며 또한 개인의 일생에서 볼 때 가장 많은 지인을 초대하는 자리라고 할 수 있다. 최근에는 흔히 보아왔던 형식적이고 의례적인 결혼식과는 달리, 좋은 일에 함께해 준 지인들과 즐겁고 의미 있는 시간을 보내는 파티로 그 개념이 점차 바뀌고 있다.

③ 기념일 파티(Celebration Party)

축하할 일이 있거나 기념할 만한 일이 있을 때 열리는 파티로 대표적인 기념일에는 연인 간의 기념일이나 부부의 결혼기념일, 자녀의 졸업, 입학, 승진 등이 있다.

④ 멤버스 파티(Members Party)

가장 대표적인 사교파티로 동창회와 같은 학연 관련된 단체가 대표적이다. 개인의 관심과 선택에 의해 가입하는 사회적 · 사교적 모임 등 한정된 자격을 가진 사람들만을 대상으로 한 파티를 말한다. 인터넷이 활성화되면서 관심분야를 주제로 한 많은 동호회 카페들이 만들어지고 이곳에서 회원을 대상으로 여는 파티들도 멤버스 파티의 일종으로 볼 수 있다.

⑤ 실버 파티(Silver Party)

점차 노년층의 비율이 늘어나면서 그들의 사회적 역할이 커짐에 따라 실버 파티의 내용도 증가하고 있다. 또한 최근 실버사업과 관련하여 실버타운과 같은 공동체가 확대되고 단체 활동의 빈도가 높아지면서 실버 파티가 다양하게 진행되고 있다. 실버 파티에는 환갑, 진갑, 칠순 등과 같은 전통적인 형태에서부터, 시간의 여유가 많고 사교적 활동의 필요성이 증가하는 노년층을 위한 많은 파티가 새롭게 기획되고 있다.

2) 형식에 따른 분류

(1) 격식을 중심으로 열리는 파티

① 디너 파티(Dinner Party)

파티 중에서 가장 격식을 갖춘 파티라고 할 수 있다. 음식은 풀코스의 만찬이 나오며 대부분 주최자의 공식적이고 중요한 목적을 위해 개최된다. 디너 파티는 주최 측의 정중한 초청에 의해 초대되고, 초대받은 사람들 중에서 참가 의사를 밝힌 사람들만이 참가하는 파티로, 공식적인 행사를 비롯하여 정확한 순서에 의해 파티가 진행된다.

② 리셉션 파티(Reception Party)

리셉션 파티는 개인파티보다는 국가차원의 행사나 공공기관 또는 기업에서 열리는 공식적인 파티를 말한다. 본래의 의미는 본 이벤트를 시작하기 이전에 열리는 가벼운 파티를 의미하나, 최근에는 리셉션 파티 자체가 하나의 파티형식으로 정착되고 있다.

(2) 술을 중심으로 열리는 파티

① 칵테일 파티(Cocktail Party)

칵테일 파티는 대부분 스탠딩 standing으로 열리며 기념식과 같은 공식행사 전후에 열리는 파티로 여러 가지 주류, 음료와 간단한 음식으로 진행되며 식사 중간이나 저녁 식사 전에 행해지는 경우가 많다. 칵테일 파티는 형식에 크게 얽매이지 않는 파티지만 대부분 공식행사와 함께 열리기 때문에 음식이나 음료 부분 준비의 중요성이 강조되고 있다. 일반적으로 눈에 띄면서 가볍게 먹을 수 있는 핑거 푸드 finger food나 카나페 canape 등이 제공된다. 주류의 양은 일반적으로 1인당 3잔 정도를 기준으로 준비하는 것이 좋다.

② 와인 파티(Wine Party)

와인 파티는 와인을 소재로 대화와 정담을 나누는 파티로 와인을 파티 연출의 핵심소재로 사용하여 와인 그 자체가 중심이 되는 파티를 의미한다. 준비된 와인의 느낌에 따라 실내장식이나 음악, 조명 등을 결정하는 등 파티의 전반적인 분위기를 만들어주는 소재로 사용된다.

(3) 복장을 중심으로 열리는 파티

① 할로윈 파티(Halloween Party)

할로윈 파티는 영혼들이 세상에 내려온 날을 기념하는 고대 켈트의 축제에서 시작된 파티이다. 고대 켈트인의 삼하인 Samhain 축제에서 죽은 사람들의 영혼이 집으로 돌아올 때 마녀나 귀신도 같이 내려와서 사람들에게 장난을 친다고 믿어 미리 마녀 분장과 복장을 하고 조상과 마녀를 맞이하는 풍습에서 유래하였다. 악마와 마귀, 박쥐, 유령, 해골, 호박, 드라큘라 등 독특한 할로윈의 드레스 코드 dress code 때문에 최근 우리나라를 비롯해 많은 나라에서 행해지고 있으며 창의적이고 독창적인 복장을 요구하는, 캐릭터가 강한 파티라고 할 수 있다.

② 파자마 파티(Pajamas Party)

본래 파자마 파티는 학창시절에 여학생들이 한 친구 집에 모여 파자마를 입고 밤새 수다를 떨며 장난치는 파티를 말한다. 지극히 사적인 파자마 파티가 최근에는 공식적인 파티에서도 간혹 열리고 있다.

③ 가면 파티(Mask Party)

가면무도회라고도 하며 남녀 간의 교제를 주목적으로 한다. 정장 차림으로 가면을 쓰고 서로 누군지 알 수 없는 상태로 느낌으로만 이성을 느끼고 찾게 되며 주최자에 의해 가면이 벗겨지는 그 순간 전까지는 서로가 누군지 알 수 없기 때문에, 가면 파티는 파티 중에서도 가장 설렘이 많은 파티라고 할 수 있다.

(4) 음악과 춤을 중심으로 열리는 파티

① 댄스 파티(Dance Party)

춤을 중심으로 열리는 댄스 파티는 춤을 통해 서로 간 어색함의 간격을 좁힐 수 있다. 대부분의 파티에서 춤과 음악이 빠질 수 없으나 댄스 파티에서는 특히 춤의 비중이 크다. 힙합, 하우스 등과 같은 대중적인 장르부터 최근에는 탱고, 소울, 블루스 등과 같이 전문적인 춤을 주제로 하기도 한다.

② 뮤직 파티(Music Party)

뮤직 파티는 음악을 듣고 즐기는 것을 중심으로 열리는 파티이다. 수준 높은 음악과 공연은 파티에 참석한 사람들의 마음을 편하게 해주지만 엄연히 뮤직 파티는 콘서트나 공연장과는 다르기 때문에 무대연출이나 연주 진행 시간, 서로 간 교감의 강도 등을 분명히 구분해서 진행해야 한다.

(5) 특별한 날에 열리는 파티

① 샤워 파티(Shower Party)

샤워는 소나기를 뜻하며 샤워 파티는 마치 소나기가 쏟아지듯이 많은 선물이 쏟아지는 파티를 말한다. 친한 사람들이 축하의 뜻으로 필요한 물건을 선물함으로써 서로에게 도움을 주고자 하는 의미에서 시작된 파티로 인생을 살면서 특별히 축하받아야 할 순간에 가족, 친지, 친구들로부터 많은 선물을 받는 파티이다.

산모가 출산하기 3~4개월 전에 새로운 가족이 생기는 것을 친척과 친구들에게 알리면서 함께 기뻐하고 태어날 아이를 축하하기 위한 베이비 샤워 파티 baby shower party와 결혼을 앞둔 신부에게 친구들이 열어주는 브라이달 샤워 파티 bridal shower party 등이 대표적이라고 할 수 있다.

② 신년 파티(New Year Party)

신년 파티는 한 해를 마감하고 기쁜 마음으로 새해를 맞이하는 파티이다. 서양에서 크리스마스는 가족과 함께 지내고, 신년 파티는 직장 동료나 친구들과 함께 지내는 것이 일반적이다.

③ 포트럭 파티(Potluck Party)

포트럭 파티는 개인이 주최하는 파티 중 가장 대표적인 파티로, 가장 큰 특징은 파티에서 사용될 음식을 참가자들이 각자 만들어 온다는 점이다. 포트럭 파티에 초대된 사람은 본인이 자신 있는 음식만을 준비해 가고, 주최자는 참가자들이 준비해올 음식의 메뉴를 사전에 확인하고 중복되지 않게 조절하는 역할과 조리가 필요한 음식을 준비하는 역할을 하며, 음식을 제외한 파티 물품과 장식을 준비해야 한다.

④ 바비큐 파티(Barbecue Party)

삼겹살을 비롯해 갈비 등 다양한 구이 문화를 가진 우리나라에서 바비큐는 가장 친근한 음식이라고 할 수 있다.

대부분 야외에서 열리는 바비큐 파티는 주로 소고기, 돼지고기, 닭고기, 소시지 등 육류가 메인을 이루고 해산물과 감자, 고구마, 양파, 마늘, 옥수수 등과 같은 채소류가 함께 곁들여진다. 다른 파티와는 달리, 음식이 완전 조리되어 제공되는 것이 아니라 현장에서 직접 조리하기 때문에 기호에 따라 다양한 재료를 활용할 수 있다. 파티 중간에 음식이 부족한 경우가 생길 수 있기 때문에 참가자의 인원을 잘 파악하여 조리에 필요한 기구나 재료 등을 충분히 준비해야 한다.

(6) 목적성 파티

① 홈커밍 파티(Home Coming Party)

본래 홈커밍 파티는 모교, 동호회 등 과거에 활동했던 곳을 방문하는 파티로 과거의 기억이나 추억을 회상할 수 있도록 하는 것이 파티의 목적이다.

② 환송 파티(Farewell Party)

퇴직하는 사람을 위하여 남아 있는 사람들이 열어주는 파티로 주로 직장에서 많이 열리는 행사이다.

3. 파티 기획의 실제

파티 기획이란 '독창적인 아이디어를 바탕으로 논리적이고 현실적인 세부 계획을 수립한 후 문서적인 방법을 기초로 고객(의뢰인)의 동의를 얻어내는 것'을 말한다. 그러기 위해서는 상황을 분석 · 조합하여 만들어진 정보를 바탕으로, 새로운 아이디어를 개발하고 문서화하는 작업을 수행해야 한다.

1) 파티 기획

파티의 준비 과정은 기획에 의해 시작하고 진행되며 마무리되기 때문에 실현 가능하고 체계적으로 기획해야 파티를 성공적으로 이끌 수 있다.

(1) 기획서 작성의 원칙

기획서는 읽는 사람 혹은 의뢰인이 충분히 이해할 수 있어야 한다. 파티는 6W 3H에 입각해 기획서를 작성한다. 6W는 파티의 진행 날짜와 시간인 'When', 주최측과 주관자를 명확히 할 수 있는 'Who', 파티장소 'Where', 파티기획에서 가장 중요한 부분으로 무엇을 개최하며, 무엇을 진행해야 할 것인지 정확히 알리는 구체적인 내용의 'What', 파티의 참석자 'Whom'과 파티에 대한 목적과 명분을 확보할 수 있는 'Why'가 있다. 파티장소를 고려할 때는 계절별 · 요일별 · 날짜별로 차이를 두어 선정해야 한다. 장소는 파티 기획의 성공 여부에 큰 영향을 주는 경우가 많기 때문에 신중히 고려해서 선정하도록 한다.

3H는 실시 여부의 결정사항이 되는 'How', 파티 진행의 시간적 흐름을 알 수 있는 'How Long', 예산에 맞는 비용에 관한 'How much'가 있다.

(2) 파티 기획 시 분석 요소

제일 먼저 파티 주최자(의뢰인)를 분석해야 한다. 만약 파티 주최자가 기업일 경우에는 설립목적, 마케팅 목표, 현재의 자금 규모, 소비자에 대한 이미지 등을 고려한다.

파티의 목표를 설정하고 파티를 여는 목적과 명분을 확보하도록 한다. 그리고 참석자의 사회적 특징과 역할, 라이프스타일, 직업, 경제 환경, 연령 등 개인적 요소 등을 고려하고 자료 및 아이디어의 수집과 분석을 통해 테마를 설정하도록 한다.

대중이 무엇을 생각하고, 무엇을 좋아하는지에 대한 정보를 가지고 있어야 하며, 그것을 왜 좋아하는지를 분석하고 정확히 이해해야 한다. 또한 시대의 흐름, 사회문화적 상황, 기호와 생활 방식을 정확히 분석해야 하며 특히 다수의 흐름을 알아야 하며 그들이 무엇을 추구하는지 그 흐름을 알아야 한다.

테마가 정해지면 충분한 분석과 검증절차를 거치고 실현 가능한 것으로 기획하도록 한다. 또한 비용과 그에 따른 효과를 면밀히 검토하고 스태프 구성과 프로그램 구성, 소재 등을 적절하게 구성했는지 검토하도록 한다.

(3) 기획서 작성의 순서

기획서는 커뮤니케이션의 도구이며 주최자(의뢰인)와 공감대를 형성할 수 있도록 현실적이고 논리적이며 읽기 편리하고 이해가 쉽게 만들어져야 한다. 또한 공감을 얻기 위해 시각적인 요소나 간결한 문체, 일관성 있는 연결성과 형식 등의 요소를 고려하여 작성해야 한다.

기획서를 작성할 때 알아야 할 사항

1. 시장분석, 경쟁자 분석, 소비자 분석 등 파티 개최를 둘러싼 환경에 대한 철저한 분석을 통해 가장 중요한 포인트의 과제를 분석한다.
2. 전문지식과 경험을 바탕으로 최적의 해결책을 마련하는 데 집중한다.
3. 현재 유행하는 트렌드(trend)를 분석한다.
4. C(cost)와 B(benefit)의 관점에서 기획안을 체크한다.
   즉 주최자(의뢰인) 혹은 회사 입장에서 볼 때 과연 돈과 노력을 들여서 이 기획안을 시행할 만큼 결과적으로 이득이 보장되는지 타당한 근거를 제시하는 것이 중요한 사항이다.
5. 주최자(의뢰인)와 참석자의 심리를 파악한다.
   물리적 · 사회적 · 정신적으로 주최자와 참석자의 심리를 정확하게 분석 · 파악하여 공략한다.

① 기획서 작성을 위한 사전 업무

OT(orientation)를 통해 행사의 목적과 개요, 장소, 시간, 방법, 예산, 파티 형식, 스케줄, 음식, 음악, 테이블 세팅 등을 파악한다.

② 기획서 작성의 방향 결정(concept work)

기획내용이 파악되었으면 기획서 작성에 대한 방향을 결정해야 한다. 방향을 설정할 때는 주최자(의뢰인) 입장에서의 요구 needs를 고려해야 한다.

③ 기획서 작성을 위한 자료 수집과 분석

자료에 대한 조사는 보편적이고, 포괄적인 자료를 바탕으로 점차 세분화시켜 진행하는 것이 좋다. 예를 들어 시장과 트렌드와 같은 넓은 시각에서부터 시작해 파티 주제에 대한 최근 동향, 타깃(참석자)의 특성 같은 기획 전개와 밀접한 연관을 지닌 세부적인 자료로 조사하여 분석한다.

④ 기획요구(needs)에 맞는 콘셉트 결정

분석 자료를 통해 콘셉트를 결정하고, 분석된 자료와의 연계성과 주최자 측의 특성을 고려해야 한다.

⑤ 기획서 작성 순서

표지- 머리말- 목차- 파티개요(행사명, 일시, 장소, 대상, 참여인원, 행사구성, 주최, 주관, 협찬사)- 기획배경- 콘셉트 설정- 기획목표(기대효과)- 조직표- 프로그램- 운영 메뉴얼- 파티 장식decoration- 진행 스케줄- 홍보계획- Check list- 소요예산- 협찬계획- 별첨- 회사소개서

(4) 프레젠테이션(presentation)

주최자(의뢰인)가 기획을 수용하는가의 여부가 가장 중요한 부분이므로 효과적인 설득 과정이 필요하다. 효과적이고 성공적인 프레젠테이션을 위해서 진행 시간을 엄수하고 단정한 용모 및 복장, 적절한 제스처와 억양, 적절한 시선 처리, 올바른 화법 구사가 필수요소이다.

(5) 기획의 실시

파티계약서의 작성 및 체결, 행사 운영 매뉴얼의 작성, 리허설 및 파티현장 운영, 예산 지출 및 철거, 설문조사, 평가회의, 결과보고서 작성의 순서로 이루어진다.

2) 파티 기획 실무

(1) 운영 스케줄(operating schedule)

운영 계획서 operating plan 혹은 운영 매뉴얼 operating manual이라고 불리는 운영 스케줄은 기본 계획서를 토대로 주최자와 최종 협의한 내용으로, 파티의 전반적인 운영사항을 자세히 기재한 매뉴얼 manual이다. 즉, 파티가 진행될 때 시간대별로 이루어지는 프로그램의 운영 스케줄표와 같은 개념이라고 할 수 있다.

파티의 흐름에 운영 스케줄은 꼭 필요한 부분이다. 파티의 콘셉트가 잡히면 그에 따라 기획을 세우고 몇 차례 수정된 후, 최종적인 기획을 중심으로

운영 스케줄이 작성된다. 작성된 스케줄은 작은 실수라도 발생하지 않도록 하기 위해 파티운영진에게 배포하여 진행요원 모두가 정확하게 숙지하도록 해야 한다. 운영 스케줄은 상세한 행사 일정, 시스템 설치 계획, 안내활동, 테이블 세팅, 소품 계획까지 포함된다.

① 운영 스케줄 작성 요령

프로그램, 시간, 내용, 진행 동선 등을 정확히 기재해야 하고 연출자용, 스태프용, 진행요원용 등 각 분야 담당자별 매뉴얼을 구분해서 작성한다. 또한 파티 준비 시 고려할 사항을 수시로 확인할 수 있도록 표로 작성한 일종의 대조표와 같은 체크리스트 check list도 함께 준비해주면 좋다.

② 운영 스케줄 작성 시 주의점

다음 진행 프로그램의 순서를 위한 준비시간까지도 염두에 두고 작성하고 한눈에 볼 수 있도록 표와 간단한 문구 위주로 단순하게 작성하는 것이 좋다.

(2) 체크리스트(check list)

파티를 준비하면서 고려해야 하거나 추진할 사항, 인력 및 물품에 관한 모든 사항을 정리해서 준비 상태를 수시로 확인할 수 있도록 표로 작성한 일종의 대조표를 체크리스트라고 한다.

체크리스트는 파티 당일 현장에서의 여러 상황을 정확히 파악한 후 개선책을 도모함으로써 업무의 질을 높이고 향후 추진할 파티에 대한 자료로 활용하며, 효과적으로 운영 · 관리를 하기 위해 준비한다.

① 체크리스트 작성법

- 대상별 업무에 따라 구별하여 체크한다.
- 체크항목을 쉽고, 단순하며 명확하게 한다.
- 날짜와 체크한 사람을 기록한다.
- 명확한 평가기준을 토대로 정확한 체크결과를 작성한다.
- 체크결과에 대한 평가와 수행, 대처방안을 수립한다.

3) 메뉴플랜

파티에서 메뉴계획이란 메뉴의 종류와 그에 따른 조합을 생각하는 것이다.

그러므로 각 파티 별 콘셉트 concept를 잘 이해하고 그 목적에 맞는지, 고객의 분위기에 어울리는지, 가격은 적절한지 등 여러 관점에서 메뉴를 기획하고 조합하는 것이 중요하다. 또한 기호, 문화, 환경, 영양, 경제적인 요소들을 모두 고려하여 주최자(의뢰인)를 만족시켜야 한다.

(1) 메뉴플랜 시 고려할 사항

고객의 요구를 분석하여 구매할 것으로 예상되는 품목에 대해 색, 질감, 모양의 다양화를 조합해보고 서비스 형태를 결정하여 시장에서의 공급여건과 저장 설비 능력, 계절식품을 고려하여 양질의 재료를 저렴한 가격으로 구매한다. 주방 설비 및 노동력, 인건비 등에 대한 비용을 체크하여 메뉴의 품목 수를 결정하고 각 품목의 가격 수준을 고려한다.

(2) 메뉴품목의 결정

대부분 업체에서의 근본적인 목표는 그 업체의 규모나 서비스 형태에 알맞은 식재료를 적절한 가격에 제조 · 판매할 수 있도록 계획하고 관리하는 데 있다. 따라서 메뉴품목을 결정할 때에도 전채 appetizers, 수프 soup, 채소 vegetable, 빵 bread, 주요리 entree, 후식 desserts, 음료 beverage 등 요리의 코스 중에서도 주요리가 가장 원가가 큰 품목이며 고객이 요리를 결정하는 데 우선적으로 고려하는 부분이기 때문에 주요리를 가장 먼저 선정하는 것이 중요하다.

일단 허용된 원가의 범위를 초과하지 않도록 주요리의 품목이 결정되면 색이나 맛, 향, 온도, 느낌, 계절감 등이 중복되지 않도록 나머지 요리도 조화롭게 계획한다.

(3) 메뉴플랜 시 원칙

메뉴플랜 시 같은 종류나 질감의 음식이 중복되지 않도록 하고, 같은 색깔의 육류가 똑같이 제공되지 않도록 한다. 또한 비슷한 소스나 같은 조리방법을 두 가지 이상 제공하지 않도록 한다. 제공하는 업체나 식당의 설비와 주방, 서비스 인원에 맞는 요리를 계획하고 저녁메뉴 작성 시 가급적 소화가 잘되는 요리를 제공하도록 하며, 대상의 연령별 · 성별 · 직업별로 음식의 양과 질, 종류를 균형 있게 조합한다.

이 외에도 독창적인 장식 decoration, 고객의 기호, 서비스 형태, 서비스 온도, 위생 등에도 주의를 기울여야 한다.

참고문헌

구성자, 김희선. 새롭게 쓴 세계의 음식문화. 교문사, 2005
김경미, 김경임, 김상연, 안선정. 푸드스타일링. 교문사, 2005
김경미, 김경임, 유현석. 색채와 푸드스타일링. 교문사, 2006
김기숙, 한경선. 음식과 식생활 문화. 대한교과서, 1997
김복래. 프랑스가 들려주는 이야기. 대한교과서, 1998
김선희. 푸드스타일링의 이론과 실제. 대왕사, 2007
김성훈. 마음을 움직이는 디지털 카메라. 정보문화사, 2006
김수인. 푸드코디네이트 개론. 한국외식정보, 2004
김아리. 음식을 바꾼 문화 세계를 바꾼 음식. 아이세움, 2002
김언정. 푸드코디네이터로 살아가기. 니케, 2009
김영애. 파티 프로듀서 김영애의 특별한 파티 테이블. 웅진지식하우스, 2006
김영호. 국제예절과 고품격 매너. 갈채, 2007
김왕기. 우리는 무얼 먹고 살았을까 사진과 그림으로 보는 음식의 역사. 청솔, 2005
김운주 외 2인. 푸드코디네이트론. 시그마프레스, 2005
김재규. 유혹하는 유럽도자기. 한길아트, 2000
김지영 외 6명. 테이블&푸드코디네이트. 교문사, 2005
김형준, 김정철. 테마별로 찍어보는 디지털 카메라. 정보문화사, 2005
김혜영. 푸드코디네이션 개론. 효일, 2004
김희선. 색채디자인. 광문각, 2009
대니 메이어, 노혜숙 옮김. 세팅 더 테이블. 해냄, 2007
동아시아식생활 연구회. 식의 문화, 식의 정보. 광문각, 2004
문수재, 손경희. 식생활과 문화. 신광출판사, 2000
문은배. 색채 디자인 교과서. 안그라픽스, 2011
미래서비스 아카데미. 서비스 매너. 새로미, 2006
박동철. 사진의 구도& 구성; 끌리는 사진은 1%가 다르다. 넥서스BOOKS, 2007
변현우. 한손에 잡히는 똑딱이 카메라. 대림, 2010
손일락, 이채안, 홍미선. 국제 매너의 이해. 한올출판사, 2006
식공간과 생활문화 라운드 테이블 吉岡 新. 테이블 코디네이터 중급 코스, 2006
식공간연구회. 테이블코디네이트. 교문사, 2008
식공간연구회. 테이블코디네이터의 역사. 교문사, 2008
식공간연구회. 푸드코디네이트. 교문사, 2009

양향자. 푸드코디네이터 길라잡이. 크로바, 2004
오경화, 류무희, 김광오, 김지영, 장혜진, 황지희, 이유주. 테이블코디네이트. 교문사, 2004
와타나베 미노루. 윤서석 외 옮김. 일본식생활사. 신광출판사, 1998
윤복자. 테이블 세팅 디자인. 다섯수레, 1996
윤서석. 우리나라 식생활 문화의 역사. 신광출판사, 2000
이경목. 파티마케팅; 앞서가는 마케터의 비즈니스 트렌드. 팜파스, 2008
이문규, 김종환, 김우진. 디지털 카메라 길라잡이. 정보문화사, 2004
이용우. 파티&파티플래너. 눈과 마음, 2007
이유주. 푸드 컬러와 디자인. 경춘사, 2005
이증재. 쉽게 배우는 카메라 입문. 일송미디어, 2004
이지윤. 테이블 세팅. 김영사, 2004
이효지. 한국의 음식문화. 신광출판사, 1998
임영상 외 2인. 음식으로 본 서양문화. 대한교과서, 2003
장미라. 식생활과 문화. 신광출판사, 1998
장정옥 외 4인. 식생활과 문화. 보문각, 2006
장혜진. 커틀러리의 역사적 고찰. 경기대학교 석사학위논문, 2003
조은정. 오늘부터 따라 할 수 있는 테이블 데코. 쿠켄, 1999
조은정. 테이블 코디네이션. 국제, 2005
조은정. 테이블 코디네이션 식공간 개론. 국제, 2007
푸드 디자인 연구회. 테이블 코디네이터 기초, 2003
한국외식사업연구소. 외식사업경영론. 백산출판사, 1995
한우건, 김세한. 보고 찍고 보고 디지털 카메라. 교학사, 2001
한정혜, 오경아. 정통 테이블세팅. 백산출판사, 2005
홍선의. 전시기획실무론. 백산출판사, 2005
홍정기, 김상일. 디지털카메라 내가 최고. 영진.com, 2002
황규선. 테이블 디자인. 교문사, 2005
황재선. 푸드코디네이션. 교문사, 2003
황재선. 푸드 스타일링 & 테이블 데커레이션. 교문사, 2004

찾아보기

저자소개

주나미

숙명여자대학교 식품영양학과 학사 및 석사
숙명여자대학교 식품영양학전공 박사
미국 University of North Texas, Post Doctor 과정 수학
프랑스 Ecole de Gastronomie Francaise(Ritz Escofier) 수학
Le Cordon Blue-sookmyung Academy 수학
현재 숙명여자대학교 식품영양학과 교수

정희선

숙명여자대학교 식품영양학과 학사 및 석사
숙명여자대학교 식품영양학전공 박사
프랑스 Ecole de Gastronomie Francaise(Ritz Escofier) 수학
미국 Culinary Institute of America, Food Styling 과정 수학
현재 숙명여자대학교 전통문화예술대학원 식생활문화전공 교수

김수정

숙명여자대학교 식품영양학과 학사
숙명여자대학교 전통문화예술대학원 석사
일본 성심전문학교 푸드코디네이터 과정 수학
숙명여자대학교 음식과 공간미학 강의
혜전대학 강사

김보람

서울여자대학교 식품영양학과 학사
숙명여자대학교 식품영양학과 석사
숭의여자대학 푸드코디네이션 강의
혜전대학 강사
경원대학교 강사

음식과 공간미학

2011년 3월　5일 초판 인쇄
2011년 3월 10일 초판 발행

지은이 | 주나미 · 정희선 · 김수정 · 김보람
발행인 | 유제구
발행처 | 파워북
주　소 | 서울 마포구 염리동 161-5 대동빌딩 4층
전　화 | (02) 730-1412
F A X | (02) 730-1410
등　록 | 1997. 1. 1 제 300-1997-13

정　가　19,000원
ISBN　978-89-8160-174-4　93590

잘못된 책은 바꿔드립니다.